Christian Prasser

Sicher im Alter: Enkeltrick & Betrugsmaschen erkennen und abwehren

Ratgeber für Senioren und Angehörige – Schutz vor Telefonbetrug, falschen Polizisten, WhatsApp-Trick und anderen Fallen

Impressum
Verantwortlich gemäß § 5 TMG und den Landespressegesetzen:

© 2025 Christian Prasser
Verlag: BoD · Books on Demand GmbH, Überseering 33, 22297 Hamburg, bod@bod.de
Druck: Libri Plureos GmbH, Friedensallee 273, 22763 Hamburg
ISBN: 978-3-8482-6445-2

Christian Prasser
Prediger Straße 15
17207 Röbel
Deutschland

E-Mail: christian_prasser@web.de

Haftungsausschluss / Hinweis
Die Inhalte dieses Buches dienen ausschließlich der allgemeinen Information und Aufklärung über typische Betrugsmaschen sowie über Möglichkeiten der Prävention. Sie stellen keine Rechtsberatung im Einzelfall dar und können die persönliche Beratung durch Polizei, Anwalt oder andere Fachstellen nicht ersetzen. Trotz sorgfältiger Recherche und regelmäßiger Aktualisierung kann keine Gewähr für Vollständigkeit, Richtigkeit oder Aktualität der enthaltenen Informationen übernommen werden.

Inhaltsverzeichnis

Kapitel 1: Senioren im Visier von Betrügern

Immer wieder hört man von Fällen, in denen gutgläubige Seniorinnen und Senioren Opfer von Trickbetrügern werden. **Warum sind gerade ältere Menschen häufig betroffen?** Dieser einführende Abschnitt geht dieser Frage nach und gibt einen Überblick über gängige Betrugsmaschen. Er zeigt, warum es so wichtig ist, sich zu informieren, und erläutert die Ziele dieses Ratgebers. Dabei bleibt der Ton sachlich und ruhig – es geht darum, zu sensibilisieren, ohne Angst zu machen. Sie sollen Vertrauen fassen: **Mit dem richtigen Wissen können Sie sich schützen.**

Warum sind Senioren besonders gefährdet?

Betrüger wählen ihre Opfer gezielt aus – und oftmals haben sie es dabei auf ältere Menschen abgesehen. Das liegt nicht daran, dass Senioren leichtgläubiger wären als Jüngere. Vielmehr nutzen Kriminelle bestimmte Lebensumstände und Eigenschaften älterer Menschen schamlos aus. So sind Senioren zum Beispiel häufiger alleinstehend oder verwitwet und freuen sich über Kontakt. **Einsamkeit und Hilfsbereitschaft** machen sich die Täter gezielt zunutze. Ältere Menschen sind meist höflich erzogen und wollen helfen; ein freundliches Gespräch am Telefon oder an der Haustür löst bei vielen eher Freude als Misstrauen aus. Diese natürliche Gutmütigkeit verwenden Betrüger als Türöffner für ihre Lügengeschichten.

Hinzu kommt: Viele Ältere gehören noch zur Generation **„Telefonfestnetz und Telefonbuch"**. Ihre Telefonnummern und Adressen sind oft öffentlich im Telefonbuch zu finden – anders als bei jüngeren Leuten, die häufig nur Mobiltelefone ohne Verzeichnis-Eintrag nutzen. Die Täter stöbern gezielt nach **„altmodisch" klingenden Vornamen** oder kurzen Telefonnummern, weil diese oft auf ältere Anschlussinhaber hinweisen. Eine **„Ingeborg" oder „Wilhelm"** in der Liste wirkt auf Betrüger wie ein potentielles Opfer. Ist ein passender Eintrag gefunden, rufen sie systematisch an. Oft sitzen dahinter sogar organisierte **Betrugs-Callcenter** im Ausland, die den ganzen Tag Nummern durchtelefonieren. Senioren sind dabei auch häufiger zu Hause anzutreffen – ein weiterer Grund, warum diese Altersgruppe ins Visier gerät.

Darüber hinaus können **gesundheitliche Faktoren** eine Rolle spielen. Beispielsweise lassen im Alter Hör- und Sehvermögen oder die Reaktionsschnelligkeit nach. Am Telefon klingt die Stimme des Betrügers vielleicht undeutlich, und viele Ältere scheuen sich nachzufragen – sie möchten nicht unhöflich wirken. Manchmal erkennen Großeltern die Stimme eines angeblichen

Enkels am Telefon tatsächlich nicht sofort, vor allem wenn der Anrufer geschickt vorgeht („Rate mal, wer hier spricht…"). **Fehlender Kontakt zu Familie** kann dies verstärken: Wer die eigene Verwandtschaft selten hört, dem fällt ein Stimmen-Schwindel kaum auf. Betrüger können so leichter Vertrauen aufbauen, besonders wenn sie vorher persönliche Details über die Familie des Opfers gesammelt haben (etwa über öffentlich zugängliche Quellen oder soziale Netzwerke). So wissen sie vielleicht, welcher Enkel gerade verreist ist, und bauen ihre Lügengeschichte geschickt darauf auf.

Nicht zuletzt werden Senioren auch **finanziell als lohnende Zielscheibe** angesehen. Viele Ältere haben über ihr Leben Ersparnisse angesammelt oder besitzen Wertgegenstände. Kriminelle vermuten hier größere Geldsummen, die sie erbeuten könnten. Bei einigen Betrugsmaschen – wie dem falschen Polizisten – spekulieren die Täter auch darauf, dass ältere Menschen Bargeld zu Hause aufbewahren. All diese Faktoren zusammen führen dazu, dass Seniorinnen und Senioren leider besonders oft ins Fadenkreuz von Betrügern geraten. Wichtig ist aber: **Es kann grundsätzlich *jeden* treffen.** Auch jüngere Menschen werden Opfer von Betrug – doch Betrüger konzentrieren ihre fiesen Methoden nun einmal verstärkt auf

Ältere, weil sie dort mehr Erfolgschancen wittern.
Diese Einführung soll Ihnen zeigen, wie die
Maschen der Kriminellen aussehen, damit *Sie* im
Ernstfall vorbereitet sind.

Wussten Sie schon? In Nordrhein-Westfalen
entstand 2023 ein Schaden von **über 37 Millionen
Euro** durch Betrugsdelikte zum Nachteil älterer
Menschen – etwa jede dritte Tat davon war ein
Enkeltrick oder Schockanruf. Bundesweit
registriert die Polizei tausende Versuche pro Jahr.
Zum Glück scheitern viele davon, doch jeder
erfolgreiche Betrug bedeutet oft den Verlust hoher
Geldsummen und großer seelischer Belastung für
die Betroffenen. **Information und Wachsamkeit**
sind daher die besten Mittel, um sich zu schützen.

Gängige Betrugsmaschen im Überblick

Ältere Menschen sehen sich einer **breiten Palette**
von Betrugsmaschen gegenüber. Im Folgenden ein
kurzer Überblick über die wichtigsten Methoden,
vor denen dieser Ratgeber schützen möchte. Keine
Sorge – jedes dieser Themen wird später noch
ausführlich behandelt. Zunächst geht es darum,
einen Eindruck zu bekommen, *womit* wir es zu tun
haben:

- **Enkeltrick (falscher Verwandter am Telefon):** Dies ist eine besonders hinterhältige Form des Telefonbetrugs. Ein Betrüger meldet sich unerwartet telefonisch und gibt sich als Enkel, Neffe oder anderer Verwandter aus, oft mit den Worten *„Rate mal, wer hier spricht."* Dann folgt eine erfundene Notlage: Der angebliche Enkel brauche dringend Geld – etwa für einen Autokauf, eine Mietkaution oder weil er in einen Unfall verwickelt sei. Die Situation wird **extrem dringend** dargestellt. Meist behauptet der Anrufer, selbst nicht kommen zu können, und kündigt an, einen Freund oder eine andere Vertrauensperson vorbeizuschicken, um das Geld abzuholen. Viele Opfer wollen helfen und heben größere Summen Bargeld ab, die sie dann nichtsahnend an wildfremde Boten übergeben. – *Merken Sie sich:* Geben Sie **niemals Geld an unbekannte Personen**, egal wer sie angeblich schicken möchte.

- **Schockanruf (Notfall vorgetäuscht):** Bei dieser Variante ruft der Betrüger mit einer **Schreckensnachricht** an. Häufig wird vorgegeben, ein Sohn, eine Tochter oder ein Enkelkind habe einen schweren Unfall verursacht. Beispielsweise heißt es: *„Ihr Enkel hatte einen Autounfall und liegt im Krankenhaus. Es muss sofort operiert werden, aber das geht nur, wenn vorher eine Zahlung erfolgt. "* Manchmal meldet sich auch ein angeblicher Rechtsanwalt oder Polizist, der erklärt, ein Verwandter säße wegen eines Unfalls oder einer anderen Tragödie in Untersuchungshaft – und nur eine hohe Kautionszahlung könne Schlimmeres verhindern. Allen Schockanrufen gemein ist der enorme **Zeitdruck**, den die Täter aufbauen. Die Angerufenen sollen keine Gelegenheit zum Nachdenken oder Nachfragen haben. In Panik und Eile werden dann große Geldbeträge übergeben oder überwiesen. – **Tipp:** Legen Sie in solch einem Fall zuerst auf und **rufen Sie Ihre Angehörigen unter den gewohnten Nummern zurück**. Sprechen Sie mit Familie, Freunden oder Nachbarn, ob die Geschichte stimmen kann. Echte Notfälle erfordern *nie* spontane Geldübergaben am Telefon!

- **Falsche Polizeibeamte:** Ebenfalls sehr verbreitet ist die Masche mit erfundenen Polizisten am Telefon. Dabei erscheint oft sogar die **110** oder die Nummer der örtlichen Polizei im Display – diese wird technisch manipuliert, um den Anruf authentisch wirken zu lassen. Der Betrüger am Telefon gibt vor, von der Kriminalpolizei zu sein, und warnt vor angeblich bevorstehenden Einbrüchen oder anderen Gefahren in der Nachbarschaft. Er behauptet zum Beispiel: *„Wir haben Hinweise, dass Ihr Geld auf der Bank nicht mehr sicher ist, weil Betrüger unterwegs sind."* Oder: *„In Ihrer Gegend gab es Einbrüche, wir als Polizei müssen nun Ihre Wertsachen sicherstellen."* Anschließend fordern die falschen Beamten die Senioren auf, **Geld abzuheben, Schmuck bereit zu legen oder persönliche Bankdaten herauszugeben**, damit die Polizei diese Werte *schützen* könne. In Wahrheit würden die Betrüger selbst das Vermögen abholen. – **Merksatz:** *Die Polizei fragt **niemals** am Telefon nach Geld oder Wertgegenständen!* Echte Polizisten fordern Bürger **nie** auf, Bargeld herauszugeben oder Überweisungen zu tätigen. Solche Anrufe sind immer Betrug.

- **Betrug per WhatsApp oder SMS:** Mit der Verbreitung von Mobiltelefonen haben sich Betrugsmaschen auch auf

Textnachrichten verlagert. Eine bekannte Variante ist der **WhatsApp-Enkeltrick**. Hier bekommen Senioren plötzlich eine Nachricht, angeblich von ihrem Kind oder Enkel: *„Hallo Oma, ich habe eine neue Nummer."* Oft wird erklärt, das Handy sei verloren oder kaputtgegangen, weshalb die alte Nummer nicht mehr gelte. Nach ein paar liebevollen Zeilen – gerne mit Herzchen-Emoji – folgt sehr schnell eine Bitte um Geld: Es sei ein dringender Rechnungsbetrag zu überweisen oder ein finanzieller Engpass zu überbrücken. Natürlich steckt auch dahinter kein echtes Familienmitglied, sondern ein Betrüger am anderen Ende. – Seien Sie bei solchen Nachrichten **extrem skeptisch**. Rufen Sie Ihren echten Enkel oder Sohn unter der alten Nummer an oder kontaktieren Sie andere Familienangehörige. In den meisten Fällen fliegt der Schwindel damit sofort auf.

- **Trickbetrug an der Haustür:**
  Betrügereien finden nicht nur per Telefon statt, sondern auch **direkt an der Wohnungstür**. Eine klassische Masche: Unbekannte klingeln und bitten z.B. darum, kurz das Telefon zu benutzen oder

ein Glas Wasser zu erhalten. Manche geben sich als Handwerker der Stadtwerke aus, die einen **Gas- oder Wasserrohrbruch** überprüfen müssen. Andere behaupten, vom Gesundheitsamt zu sein und einen spontanen COVID-Test durchführen zu müssen. Auch falsche Polizisten tauchen manchmal an der Tür auf und behaupten, in der Wohnung nach dem Rechten sehen zu müssen. Haben die Betrüger erst einmal Zutritt, lenken sie ihre Opfer geschickt ab (oft sind sie zu zweit unterwegs) und durchsuchen in einem unbeobachteten Moment die Wohnung nach Bargeld, Schmuck und anderen Wertsachen. – **Unsere Empfehlung:** Lassen Sie *grundsätzlich keine fremden Personen* in Ihre Wohnung. Offizielle Mitarbeiter kommen fast nie unangekündigt. Im Zweifel ziehen Sie einen Nachbarn hinzu oder rufen die zuständige Behörde an, um den Auftrag zu bestätigen. Legitime Besucher haben Verständnis dafür, wenn Sie vorsichtig sind.

- **Gewinnversprechen und Lotteriebetrug:**
„Herzlichen Glückwunsch, Sie haben gewonnen!" – Mit solchen Worten

versuchen Betrüger per Brief, E-Mail oder Anruf in eine Falle zu locken. In Aussicht gestellt werden hohe Geldgewinne, Autos oder Reisen. Allerdings – so die Masche – müsse man vorher eine **Gebühr oder Steuer** zahlen, um den Gewinn zu erhalten. Manche Opfer erhalten auch Schecks, die jedoch ungültig sind, oder werden zu teuren Hotline-Anrufen gelockt. Sobald Geld überwiesen oder gezahlt wurde, bricht der Kontakt ab. Den versprochenen Gewinn gibt es natürlich nie. – **Merken Sie sich:** Legitime Gewinnspiele verlangen **keinerlei Vorauszahlungen**. Wenn Sie an keinem Gewinnspiel teilgenommen haben, können Sie auch nichts gewonnen haben. Solche *Versprechen gegen Vorkasse* sind immer unseriös.

- **Kaffeefahrten:** Viele Senioren kennen die Einladung zu einer **kostenlosen Busfahrt** ins Blaue mit Kaffeetrinken und einem kleinen Geschenk. Doch leider entpuppen sich solche Ausflüge oft als **reine Verkaufsveranstaltungen**. In einem Gasthof oder Saal werden stundenlang überteuerte Produkte angepriesen – von Kochtopf-Sets über Heizdecken bis zu

Wundermitteln für die Gesundheit. Die Verkäufer sind rhetorisch geschult und setzen die meist unfreiwilligen Gäste massiv unter Druck. Viele ältere Teilnehmer fühlen sich verpflichtet, etwas zu kaufen, sei es aus Höflichkeit oder wegen der psychologischen Tricks der Verkäufer. Am Ende zahlen sie viel Geld für nutzlose oder überteuerte Waren. – Seit Mai 2022 ist zwar der Verkauf von Medizinprodukten und Finanzanlagen auf Kaffeefahrten verboten, doch für andere Produkte gilt das nicht. Lassen Sie sich daher **niemals zu Käufen drängen**. Sie haben das Recht, Nein zu sagen – und übrigens ein **Widerrufsrecht** von 14 Tagen, falls Sie doch etwas unterschrieben haben.

- **Internet- und E-Mail-Betrug (Phishing):** Die digitale Welt macht auch vor Senioren nicht halt. Betrüger nutzen E-Mails, SMS oder Webseiten, um an persönliche Daten und Geld zu gelangen. Diese **Phishing-Mails** sehen oft täuschend echt aus – zum Beispiel wie Schreiben Ihrer Bank, der Telekom oder anderer vertrauter Firmen. Meist werden Sie darin aufgefordert, dringend auf einen Link zu klicken, Ihre

Kontoinformationen zu bestätigen oder eine Zahlung auszuführen. Oft sind die Texte fehlerhaft oder unpersönlich („Sehr geehrter Kunde" statt Name), was ein Warnsignal ist. Klickt man dennoch auf den Link, wird man auf gefälschte Webseiten geleitet, wo Passwörter oder Kreditkartendaten abgegriffen werden. – **Unsere Warnung:** Geben Sie *niemals vertrauliche Daten per E-Mail oder am Telefon preis*. Seriöse Institute fragen *nie* Passwörter oder TAN-Codes per Mail ab. Im Zweifel rufen Sie die offizielle Hotline Ihrer Bank an oder holen Sie Rat bei vertrauenswürdigen Personen ein, bevor Sie irgendwo Ihre Daten eingeben.

Dieser Überblick mag zunächst erschreckend lang wirken. Allerdings ist es hilfreich zu wissen, welche Formen von Betrug es gibt – nur was man kennt, kann man erkennen und sich dagegen wehren. **Keine Sorge:** In den nächsten Kapiteln werden wir jede dieser Maschen noch einmal in Ruhe durchgehen. Sie erhalten konkrete Tipps, wie Sie sich im Ernstfall verhalten sollten, und erfahren auch, wie Sie verdächtige Situationen *erkennen*, **ohne in Panik zu geraten**. Wichtig ist vor allem: Bewahren Sie gesundes Misstrauen, und holen Sie im Zweifel immer eine zweite Meinung ein (zum

Beispiel von Angehörigen oder der Polizei). So sind Sie den Betrügern einen Schritt voraus.

Warum ist es wichtig, sich zu informieren?

Vielleicht fragen Sie sich: „Passiert *mir* das denn überhaupt? Muss ich mich wirklich mit diesen unschönen Themen beschäftigen?" Unsere klare Antwort lautet: Ja, informieren schützt! Natürlich **soll niemand in ständiger Angst leben**. Aber ein gewisses Maß an Wissen über gängige Betrügereien kann Ihnen helfen, im entscheidenden Moment ruhig und richtig zu reagieren. Betrüger ändern ständig ihre Methoden und werden immer einfallsreicher – von gefälschten Ausweisen bis hin zum Einsatz von Künstlicher Intelligenz, um Stimmen oder Bilder nachzuahmen. Umso wichtiger ist es, auf dem Laufenden zu bleiben, welche **Maschen aktuell kursieren**.

Auch die Behörden betonen, wie wesentlich Aufklärung ist. Angesichts steigender Fallzahlen fordern Polizei und Opferverbände, **Senioren über die Risiken aufzuklären** und durch Prävention zu schützen. Jede Information, die Sie vorher haben, nimmt den Betrügern einen Teil ihres Vorteils. Denn diese Gauner bauen darauf, dass ihre Opfer überrascht und unvorbereitet sind. **Vorbeugung** ist hier der beste Schutz: Wenn Sie die typische Vorgehensweise kennen, klingeln bei Ihnen im

Ernstfall schneller die Alarmglocken. Viele ältere Menschen konnten schon Betrugsversuche im Keim ersticken, **einfach weil sie die Warnsignale erkannten** und rechtzeitig aufgelegt haben oder die echte Polizei informiert haben.

Sich zu informieren, bedeutet auch, das eigene **Selbstvertrauen zu stärken**. Wer weiß, dass er im Notfall richtig handeln kann, fühlt sich sicherer und weniger hilflos. Ziel dieses Ratgebers ist es gerade, Ihnen dieses sichere Gefühl zu geben. Und bedenken Sie: Mit Ihrem Wissen können Sie **auch anderen helfen**. Vielleicht haben Sie Freunde, Nachbarn oder Vereinskollegen, die noch nichts von diesen Betrugsmaschen gehört haben. Indem Sie darüber sprechen, tragen Sie dazu bei, dass sich die Informationen verbreiten. Betrüger haben es viel schwerer, wenn ihre potentiellen Opfer gewarnt sind. Eine informierte Gemeinschaft älterer Menschen kann sich gegenseitig unterstützen und wachsam halten.

Welche Ziele verfolgt dieser Ratgeber?

Dieser Ratgeber möchte Sie **sensibilisieren**, ohne Ihnen Angst zu machen. Im Mittelpunkt steht die **sachliche und verständliche Aufklärung** über Trickbetrug, speziell über den Enkeltrick und verwandte Maschen in Deutschland. Nach der Lektüre sollen Sie typische Betrügereien **erkennen** können und wissen, wie Sie sich im Ernstfall verhalten. Dazu gehören auch ganz praktische Ratschläge: Wie reagieren Sie auf verdächtige Anrufe? Wo können Sie Hilfe holen? Wie schützen Sie Ihre persönlichen Daten? All das wird in den kommenden Kapiteln ausführlich und in Ruhe erklärt.

Die **Ziele dieses Ratgebers** sind im Einzelnen:

- **Bewusstsein schaffen:** Sie erfahren, *dass* solche Betrügereien existieren und wie häufig sie vorkommen. Viele Opfer berichten im Nachhinein, sie hätten vorher nie von so etwas gehört – genau das möchten wir verhindern. Niemand soll glauben, er oder sie sei allein oder „dumm", weil er auf Tricks hereinfällt. Informierte Senioren können viel selbstbewusster mit unerwarteten Situationen umgehen.

- **Vertrauen aufbauen:** Obwohl das Thema unangenehm ist, soll dieser Ratgeber Ihnen ein Gefühl von Sicherheit vermitteln. Sie dürfen wissen: *Sie* haben das Recht, skeptisch zu sein. Es ist in Ordnung, misstrauisch zu wirken oder sogar aufzulegen, wenn etwas nicht stimmt. Wir möchten, dass Sie nach der Lektüre das

Vertrauen haben, intuitiv richtig zu handeln. Sollte dennoch einmal etwas passieren, erfahren Sie hier auch, an wen Sie sich wenden können – etwa an Familienangehörige, Beratungsstellen oder die Polizei.

- **Konkrete Tipps geben:** Jede Betrugsmasche wird mit **praxisnahen Ratschlägen** versehen. Merksätze (z.B. *„Die Polizei fragt niemals nach Geld am Telefon"*) helfen, das Wichtigste im Kopf zu behalten. Infokästen fassen Schlüsselpunkte zusammen. So haben Sie im Ernstfall kleine Eselsbrücken parat, die Sie warnen. Die Empfehlungen basieren auf *Tipps der Polizei* und Erfahrungen tatsächlicher Fälle – sie sind also erprobt und zuverlässig.

- **Motivation zur Vorsorge:** Der Ratgeber will Sie ermutigen, **aktiv vorbeugend** tätig zu werden. Dazu gehört zum Beispiel, im Familienkreis über das Thema zu sprechen. Viele Kinder und Enkel wissen gar nicht, welche Sorgen ihre älteren Angehörigen umtreiben – oder welche Tricks es gibt. Wenn Sie Ihr Wissen teilen, steigt die Chance, dass niemand aus Ihrer

Familie so leicht Opfer wird. Vielleicht veranlasst Sie die Lektüre auch, ein paar einfache Sicherheitsvorkehrungen zu treffen, wie etwa einen **Türspion** oder eine **Anrufbeantworter-Routine** für unbekannte Nummern. Kleine Maßnahmen können Großes bewirken.

Abschließend sei betont: **Information ist der erste Schritt zur Sicherheit.** Dieser Ratgeber soll Ihnen das nötige Rüstzeug an die Hand geben, um im Alltag gelassen und sicher zu bleiben. Sie sollen nach Kapitel 1 beruhigt feststellen: Ja, es gibt Trickbetrug – aber ich bin dem nicht schutzlos ausgeliefert. Mit gesundem Menschenverstand, dem Wissen um die Maschen und den hier vermittelten Verhaltenstipps können Sie potentiellen Betrügern mit Ruhe und Selbstbewusstsein begegnen. Bleiben Sie wachsam, aber bleiben Sie auch unbesorgt: Sie sind vorbereitet. **Nun, da Sie einen Überblick haben, laden wir Sie ein, in den nächsten Kapiteln mehr über jedes dieser Themen zu erfahren.** Denn Wissen gibt Ihnen die Sicherheit, die Sie verdienen, um Ihren Lebensabend ohne böse Überraschungen zu genießen.

Kapitel 2: Der Enkeltrick – wenn Betrüger als Enkel auftreten

Der **Enkeltrick** ist eine besonders heimtückische Form des Trickbetrugs: Dabei rufen Kriminelle meist ältere Menschen an und geben sich als vertraute Verwandte – oft als Enkel – aus, die **dringend Geld benötigen**. Die Täter nutzen das Vertrauen in die Familie schamlos aus. Sie melden sich meist **völlig unerwartet** am Telefon, nennen aber absichtlich **nicht ihren Namen**, sondern sagen zum Beispiel: *„Rate mal, wer dran ist!"*. So bringen sie die Angerufenen dazu, selbst einen Namen eines Enkels oder Verwandten zu nennen. Hat das Opfer erst einmal einen Namen genannt, behaupten die Betrüger, genau dieser Enkel zu sein. **Geschickt bauen sie nun Vertrauen auf** – und beginnen, eine **Lügengeschichte** zu erzählen, etwa von einem Notfall oder einer finanziellen Notsituation, um an das Ersparte ihres Opfers zu gelangen. Oft agieren die Täter in Gruppen: Eine Person übernimmt das Telefonat, andere Komplizen kümmern sich später z. B. um das Abholen des Geldes. Im Folgenden erfahren Sie, **wie Betrüger vorgehen, welche Tricks sie anwenden und woran Sie diese Masche erkennen können.** Außerdem geben wir Ihnen **Tipps**, wie Sie sich und Ihre Angehörigen vor dem Enkeltrick **schützen** können.

Wie Täter Vertrauen aufbauen

Betrüger wissen: Ohne Vertrauen kein Erfolg.
Daher versuchen sie zuerst, eine **vertrauliche
Atmosphäre** herzustellen. Oft beginnen sie das
Gespräch mit Sätzen wie *„Rate mal, wer hier
spricht!"* oder *„Kennst du mich denn nicht?"*
Diese Fragen verleiten viele ältere Menschen dazu,
den Namen eines echten Enkelkindes oder
Verwandten zu erwähnen – in der Annahme, es
könnte sich tatsächlich um diese Person handeln.
Sofort haken die Täter ein: „Ja, genau, ich bin's,
dein Enkel [Name]!" Eventuelle Unsicherheiten,
etwa weil die Stimme anders klingt, werden
geschickt erklärt: Der Anrufer behauptet zum
Beispiel erkältet zu sein oder ein neues Telefon zu
haben, sodass man ihn kaum erkennt. Durch solche
Ausreden zerstreuen die Betrüger Zweifel an ihrer
Identität.

Haben die Täter erst einmal die Identität eines
vertrauten Menschen angenommen, **schmeicheln**
sie dem Opfer und spielen emotionale
Verbundenheit vor. Sie verwenden Kosenamen wie
„Liebe Oma" oder *„mein bester Opa"*, erkundigen
sich nach dem Befinden und bedanken sich
überschwänglich für frühere Gefallen. All das
vermittelt dem Angerufenen das Gefühl: *"Da sorgt
sich jemand aus der Familie um mich."* Dieses

gefühlte Vertrauen ist die Grundlage, auf der der Betrug aufbaut.

Merksatz: Geben Sie sich nicht damit zufrieden, **zu raten, wer anruft** – echte Verwandte nennen **immer von selbst ihren Namen**. Unbekannte Anrufer, die darauf bestehen, dass *Sie* den Namen erraten, sind wahrscheinlich Betrüger.

Psychologische Tricks der Betrüger

Im weiteren Gespräch setzen die Täter allerlei **psychologische Tricks** ein, um ihre Opfer zu beeinflussen und zur Herausgabe von Geld zu drängen. Typische Methoden sind dabei:

- **Emotionale Nähe:** Die Anrufer geben sich betont **freundlich, vertraut und fürsorglich**. Sie nennen das Opfer liebevoll *„Lieblingsoma"* oder *„Lieblingsopa"*, loben dessen Güte und bauen eine emotionale Verbindung auf. Manchmal versprechen sie sogar, *„nächste Woche vorbeizukommen"*, um das Vertrauen weiter zu stärken. Durch diese vermeintliche **Herzlichkeit** fühlt sich das Opfer dem Anrufer eng verbunden und möchte helfen.

- **Dringlichkeit:** Kaum etwas setzt Menschen so unter Druck wie das Gefühl, sofort handeln zu müssen. Genau das machen sich die Betrüger zunutze. Sie **erzählen von einem akuten Notfall** – zum Beispiel einem schweren *Unfall*, einer *plötzlichen finanziellen Notlage* oder einer einmaligen *Gelegenheit*, bei der sofort Geld benötigt wird. Ständig betonen sie, wie **eilig** es ist: *„Es muss heute noch passieren, sonst ist es zu spät!"* Dieses künstliche Zeitlimit soll das Opfer davon abhalten, in Ruhe nachzudenken oder Rücksprache mit anderen zu halten. Unter dem Eindruck der Dringlichkeit fällt es vielen schwer, klar zu überlegen – genau das beabsichtigen die Täter.

- **Verunsicherung:** Betrüger nutzen auch die **Unsicherheit** und Gutmütigkeit ihrer Opfer aus. Fragt eine ältere Person skeptisch nach („Warum klingst du anders?"), reagieren die Täter oft empört oder enttäuscht: *„Erkennst du mich wirklich nicht? Bist du böse auf mich?"* Solche Antworten verunsichern das Opfer und wecken vielleicht Schuldgefühle, weil es den vermeintlichen Enkel nicht sofort erkannt hat. Zudem können die Betrüger in einem momentanen **Schockzustand** des Opfers anrufen – etwa direkt nach einer erfundenen schlechten Nachricht – um die Person emotional aus dem Gleichgewicht zu bringen. Manche Täter treten auch **autoritär** auf und geben dem Opfer das Gefühl, verpflichtet zu sein zu helfen, oder sie drohen sogar indirekt: *„Wenn du mir jetzt nicht hilfst, wird alles noch schlimmer."* Diese Taktiken zielen darauf ab, das Opfer einzuschüchtern und an seiner Wahrnehmung zweifeln zu lassen.

- **Geheimhaltung:** Ein weiteres gefährliches Druckmittel ist die Aufforderung zur **Geheimhaltung**. Die Betrüger bitten das Opfer inständig: *„Erzähl bitte niemandem davon – es ist mir so peinlich!"* oder *„Bitte schalte nicht die Polizei ein, das macht alles nur komplizierter."* Damit wollen sie verhindern, dass das Opfer mit anderen über den Vorfall spricht. Oft wird argumentiert, man wolle *„niemanden beunruhigen"* oder *„es soll unser Geheimnis bleiben"*. Diese Geheimniskrämerei ist ein klares Alarmzeichen: **Echte Verwandte würden Sie niemals dazu drängen, Hilfeleistungen vor der Familie oder der**

Polizei geheim zu halten. Die Betrüger wissen genau, dass **kritische Nachfragen durch Dritte ihren Schwindel sofort auffliegen lassen** würden – darum versuchen sie, das Opfer zu isolieren.

All diese psychologischen Tricks – von der vorgetäuschten Vertrautheit bis zum massiven Zeitdruck – dienen einem Zweck: **Die Opfer sollen emotional so unter Druck geraten, dass sie unüberlegt handeln.** In diesem manipulativen Zustand stimmen gutherzige Senioren Forderungen zu, die sie in ruhigeren Momenten sofort zurückgewiesen hätten.

Wie ein typisches Enkeltrick-Telefonat verläuft

Wie entwickelt sich nun aus diesen Lügengeschichten und Tricks ein tatsächlicher Betrug? Im Folgenden schildern wir den **typischen Ablauf eines Enkeltrick-Anrufs** in mehreren Phasen. Dieses Szenario soll verdeutlichen, wie aus einem harmlosen Telefonat Schritt für Schritt eine gefährliche Falle wird.

Phase 1 – Der Überraschungsanruf: Ein Senior sitzt zuhause, als plötzlich das Telefon klingelt. Am anderen Ende meldet sich eine Stimme mit *„Hallo Oma/Opa, rate mal, wer dran ist!"* oder *„Ich bin's, dein Enkel!"* Der Angerufene ist vielleicht zunächst perplex und versucht, die Stimme zuzuordnen. Eventuell nennt er einen Namen: *„Bist du es, Michael?"* Darauf springt der Anrufer sofort an: *„Ja genau, hier ist Michael."* (In Wahrheit kennt der Täter den Namen nur, weil das Opfer ihn erwähnt hat.) Schon jetzt fühlt sich der ältere Mensch verpflichtet weiterzureden – schließlich glaubt er, sein Enkel sei dran.

Phase 2 – Die erfundene Notlage: Nach ein paar belanglosen Sätzen („Wie geht es dir? Schön, deine Stimme zu hören…") kommt der Anrufer schnell zum **eigentlichen Thema**. Mit bedrückter Stimme eröffnet er z. B.: *„Du, mir ist etwas Schreckliches passiert..."* Jetzt wird eine **Notfallgeschichte** präsentiert. Häufig erzählen die Täter von einem *finanziellen Engpass* oder *Notfall*: Zum Beispiel, der Enkel habe **einen Autounfall verursacht** und müsse **dringend eine Kaution** bei der Polizei hinterlegen, sonst komme er ins Gefängnis. Oder er wolle gerade eine **Wohnung kaufen** bzw. eine wichtige **Rechnung begleichen**, habe aber ein Zahlungsproblem. Immer geht es darum, dass **schnell eine große Summe Geld** benötigt wird – meist **tausende von Euro**. Der Anrufer klingt verzweifelt oder beschämt, bittet um Hilfe und beteuert, es eilig zu haben. Dadurch gerät das Opfer emotional unter Druck: Es will dem geliebten Angehörigen aus der vermeintlichen Klemme helfen.

Phase 3 – Druck und Drängen: Sobald es um Geld geht, erhöhen die Betrüger den **Druck**. Sie fragen zum Beispiel: *„Hast du so viel Geld zu Hause? Kannst du es **gleich von der Bank holen**?"* Gleichzeitig betonen sie, **niemand dürfe etwas erfahren**: *„Bitte erzähl das **keinem**, ich will nicht, dass Mama oder Papa sich Sorgen machen."* Wenn das Opfer zögert oder unsicher wirkt, legen die Anrufer nach – sie **appellieren an die Hilfsbereitschaft** (*„Du bist der Einzige, der mir jetzt helfen kann!"*), an die familiäre Pflicht oder sogar an das Gewissen. Manche Täter wenden auch **Drohungen oder Schuldzuweisungen** an: *„Wenn du mir jetzt nicht hilfst, ist nachher alles deine Schuld!"* Solche Worte können einen älteren Menschen ins Mark treffen. Oft versuchen die Betrüger, ihr Opfer davon abzuhalten, nachzudenken oder Hilfe zu holen. **Manche rufen in kurzen Abständen immer wieder an**, um nachzufragen, ob das Geld schon besorgt wurde, und um das Opfer zu isolieren. Dadurch bleibt kaum Zeit, jemanden um Rat zu fragen oder die Geschichte zu überprüfen.

Phase 4 – Die Geldübergabe: Hat der ältere Mensch sich von der Dramatik überzeugen lassen, wird die **Übergabe des Geldes** arrangiert. Der falsche Enkel behauptet z. B.: *„Ich kann selbst nicht kommen, also schicke ich einen guten Freund (oder einen Anwalt/Polizisten), dem ich vertraue."* Dieser Komplize – oft ebenfalls Teil der Betrügerbande – soll dann das Geld **persönlich abholen**. Manchmal wird auch ein Treffpunkt vereinbart, oder das Opfer wird gebeten, Bargeld abzuheben und an einen Boten zu übergeben. In einigen Fällen fordern die Täter sogar, das Geld in ein *Tuch oder einen Umschlag* zu wickeln und es draußen vor die Tür zu legen, auf die Terrasse zu stellen oder (wie es tatsächlich vorgekommen ist) aus dem Fenster zu werfen, wo es ein *„Helfer"* einsammelt. **Das Opfer sieht die ganze Zeit keinen echten Enkel – es hat nur den Worten am Telefon vertraut.** Sobald die Betrüger das Geld oder auch Wertgegenstände (wie Schmuck) in Händen haben, verschwinden sie damit. Der angebliche Enkel ist plötzlich nicht mehr erreichbar. Oft wird dem Opfer erst Stunden später klar, dass es **betrügen** worden ist – nämlich dann, wenn es den echten Enkel unter seiner bekannten Nummer zurückruft und dieser von nichts weiß.

Merksatz: Echte Enkelkinder würden **niemals fremde Personen schicken**, um Geld abzuholen. Wenn am Telefon jemand Geld fordert und auf

Geheimhaltung pocht, legen Sie **sofort auf** – hier stimmt etwas nicht!

Warnsignale: Woran Sie den Enkeltrick erkennen

Viele Opfer berichten im Nachhinein, dass ihnen während des Gesprächs „etwas komisch vorkam". Bestimmte **Warnsignale** können Sie frühzeitig darauf aufmerksam machen, dass es sich um einen Enkeltrick handeln könnte. Achten Sie insbesondere auf folgende Anzeichen:

- **Unklare Vorstellung:** Der Anrufer nennt nicht seinen Namen, sondern erwartet von Ihnen, dass Sie ihn **erkennen oder raten**, wer er ist. Solche Spielchen am Telefon sind verdächtig. Legitime Anrufer – insbesondere Familienmitglieder – sagen *immer gleich, wer sie sind.*

- **Ungewohnte Stimme:** Ihnen kommt die Stimme des angeblichen Enkels **fremd oder verändert** vor. Vielleicht klingt sie heiser, leise oder hat einen Akzent, der sonst nicht da ist. Betrüger nutzen oft Ausreden (Erkältung, neues Telefon), um eine abweichende Stimme zu erklären. Lassen Sie sich dadurch nicht täuschen, wenn sonst vieles nicht passt.

- **Dramatische Notlage:** Der Anrufer berichtet von einem **schweren Unfall, einer dringenden Operation, einer Verhaftung oder einer anderen Notlage**, die sofortige Hilfe erfordert. Die Geschichte klingt sehr schlimm und **emotional aufwühlend**. Oft wird betont, dass viel auf dem Spiel steht (z. B. Freiheit, Gesundheit, finanzieller Ruin) – das soll Sie gefügig machen.

- **Hohe Geldforderung:** Es wird **Geld in großer Summe** verlangt, meist **sofort verfügbar**. Typisch sind Forderungen im Bereich mehrerer tausend Euro. Eventuell fragt der Anrufer auch direkt, **wie viel Bargeld** Sie zuhause haben oder von der Bank holen können. Kein echter Enkel würde so etwas tun, **ohne Rücksprache mit der Familie**.

- **Bitte um Geheimhaltung:** Der angebliche Enkel bittet Sie ausdrücklich, **niemandem etwas zu erzählen** – nicht den Kindern, Nachbarn oder der Polizei. Dies wird oft mit Scham oder Angst begründet (*„Ich will nicht, dass die anderen schlecht von mir denken"*). Eine solche Verschwiegenheitsbitte ist **immer**

verdächtig. Reden ist in so einem Fall Gold wert: Teilen Sie einem vertrauten Menschen mit, was passiert ist.

- **Abholung durch Dritte:** Spätestens wenn der Anrufer ankündigt, er könne nicht selbst kommen und würde einen **Freund oder Boten schicken, um das Geld abzuholen**, sollten alle Alarmglocken schrillen. Dass ein Familienmitglied angeblich **nicht selbst erscheinen kann**, sondern eine unbekannte Person schicken will, ist extrem ungewöhnlich. Hier zeigt sich eindeutig die Masche des Betrugs.

- **Druck und Hektik:** Der Anrufer setzt Sie unter **Zeitdruck**, ruft vielleicht mehrfach an und drängt auf sofortige Entscheidungen. Sie fühlen sich gehetzt und unwohl. **Kein echter Verwandter würde Sie derartig unter Druck setzen.** Dieses Gefühl von Hektik und Stress am Telefon ist ein klares Zeichen, vorsichtig zu sein.

Wenn **eines oder mehrere dieser Warnsignale** auftreten, liegt der Verdacht nahe, dass Sie es mit einem Betrüger zu tun haben. Vertrauen Sie in diesem Fall Ihrem **Bauchgefühl**: Wenn etwas Ihnen seltsam vorkommt, brechen Sie das

Gespräch ab. Im Zweifel rufen Sie anschließend die Person unter der **bekannten Telefonnummer** zurück (zum Beispiel den echten Enkel oder ein anderes Familienmitglied) und fragen nach, ob tatsächlich ein Notfall vorliegt. So können Sie schnell Klarheit gewinnen.

So schützen Sie sich vor dem Enkeltrick

Auch wenn die Betrüger immer raffinierter vorgehen – es gibt bewährte **Verhaltensregeln**, mit denen Sie sich schützen können. Hier die wichtigsten **Tipps**, um nicht Opfer des Enkeltricks zu werden:

- **Gesundes Misstrauen:** Seien Sie im Zweifel lieber *zu misstrauisch als zu gutgläubig*. Wenn ein Anrufer Geld von Ihnen fordert – egal, wer er zu sein vorgibt – schalten Sie sofort auf **Skepsis. Glauben Sie nicht alles**, was man Ihnen am Telefon erzählt, so traurig oder dramatisch es klingt. Betrüger nutzen Ihre Hilfsbereitschaft aus. Es ist *kein Zeichen von Unhöflichkeit*, in solchen Fällen misstrauisch zu sein, sondern ein Zeichen von Umsicht.

- **Keine Details preisgeben:** Geben Sie **am Telefon niemals persönliche**

Informationen über sich oder Ihre Familie preis. Betrüger fragen geschickt nach Familiennamen, Vermögenswerten oder Lebensumständen, um daraus Vorteil zu ziehen. Halten Sie konkrete Daten wie Adressen, Geburtsdaten, Kontoinformationen oder Gewohnheiten geheim. Legen Sie am besten sofort auf, wenn jemand am Telefon solche Details von Ihnen wissen will.

- **Rückruf zur Kontrolle: Überprüfen Sie die Geschichte**, bevor Sie irgendeine Hilfe zusagen. Legen Sie auf und rufen Sie **die bekannte Nummer** der Person zurück, die der Anrufer vorgibt zu sein (zum Beispiel die Nummer Ihres Enkels auf seinem Handy oder Festnetz). Fragen Sie nach, ob tatsächlich die geschilderte Notlage besteht. Oft stellt sich dann schnell heraus, dass der echte Enkel *gar keinen Anruf* getätigt hat und alles erfunden war. Nutzen Sie **niemals** eine Nummer, die Ihnen der unbekannte Anrufer gegeben hat – dabei könnten Sie wieder bei den Betrügern landen. Suchen Sie die Nummer selbst im Telefonbuch oder nutzen Sie gespeicherte Kontakte.

- **Nicht unter Druck setzen lassen: Lassen Sie sich nicht drängen** und setzen Sie sich nicht unter Zeitdruck. Betrüger wollen genau das – dass Sie *kopflos* entscheiden. Nehmen Sie sich die Zeit, in Ruhe über die Forderung nachzudenken. Sagen Sie dem Anrufer gegebenenfalls, Sie müssten erst jemanden fragen oder Sie bräuchten Bedenkzeit. **Sie sind zu nichts verpflichtet.** Wenn der Anrufer wirklich ein Verwandter in echter Not ist, wird er Verständnis haben – und wenn nicht, sollten Sie ohnehin sofort misstrauisch werden.

- **Keine Übergabe an Fremde:** Übergeben Sie **niemals Geld oder Wertsachen an unbekannte Personen**. Weder Polizei noch Verwandte würden jemals wildfremde Boten schicken, um Geld abzuholen. **Lehnen Sie solche Forderungen strikt ab.** Wenn Sie bereits jemanden mit Geld beauftragt haben oder eine Abholung vereinbart wurde, informieren Sie umgehend die **Polizei** (Notruf 110), bevor die Übergabe stattfindet. Denken Sie daran: **Bargeld gehört nicht in fremde Hände.**

- **Vertrauensperson einweihen:** Ziehen Sie stets eine **zweite Meinung** hinzu, bevor Sie größere Geldbeträge ausgeben oder übergeben. Rufen Sie ein Familienmitglied, einen guten Freund oder sogar Ihre Bankberaterin an und schildern Sie den Fall. Gemeinsam erkennt man eine Lügengeschichte oft schneller. Betrüger versuchen, Sie von anderen zu isolieren – durchbrechen Sie diesen Plan, indem Sie **andere einweihen**.

- **Telefonbucheintrag prüfen:** Viele Betrüger nutzen öffentliche Telefonbücher, um gezielt Senioren auszuwählen (oft anhand *altmodischer Vornamen*). Überlegen Sie daher, ob Sie Ihren **Eintrag im Telefonbuch** anpassen. Es kann sinnvoll sein, den Vornamen **abzukürzen** (z. B. „H. Müller" statt „Hans Müller"), damit fremde Anrufer nicht sofort Ihr Alter einschätzen können. Sie können Ihren Telefonbucheintrag auch ganz löschen lassen, wenn Sie möchten. Das erschwert Betrügern die Arbeit erheblich.

- **Im Zweifel: Polizei verständigen:** Scheuen Sie sich nicht, im Verdachtsfall die **Polizei** zu informieren. Die Polizei kennt solche Betrugsmaschen sehr gut. Lieber einmal zu oft anrufen und um Rat fragen, als einmal zu wenig. Wenn Sie unsicher sind, schildern Sie der Polizei den Anruf – man wird Ihnen sagen können, ob tatsächlich etwas dran sein könnte oder ob es wahrscheinlich ein Betrugsversuch ist. **Anzeige erstatten** sollten Sie spätestens dann, wenn es zu einem Betrugsversuch gekommen ist, auch wenn Sie ihn erkannt haben. Jede Meldung kann der Polizei helfen, die Täter zu fassen.

Merksatz: Legen Sie bei verdächtigen Anrufen sofort auf! Ein *kurzes Auflegen* kann Sie vor großem Schaden bewahren. **Echte Verwandte** haben Verständnis, wenn Sie zur Bestätigung **noch einmal zurückrufen** oder misstrauisch nachfragen – **Betrüger hingegen nicht**. Im Zweifel gilt immer: Sicherheit geht vor Höflichkeit. Bleiben Sie wachsam und informieren Sie im Zweifel lieber die Polizei.

Kapitel 3: Schockanrufe und falsche Polizisten

Im fortgeschrittenen Alter haben viele Menschen
ein ausgeprägtes Sicherheitsbedürfnis und
Vertrauen in Behörden und Familie. Genau dieses
Vertrauen nutzen Betrüger mit perfiden
Betrugsmaschen aus, die speziell auf Seniorinnen
und Senioren abzielen. In diesem Kapitel geht es
um zwei eng verwandte Methoden: **Schockanrufe**
und **falsche Polizisten**. Beides sind Telefon- und
Haustürtricks, bei denen Kriminelle mit **Angst und
Druck** arbeiten, um an das Ersparte ihrer Opfer zu
gelangen. Wir erklären die **typischen Abläufe**,
enthüllen die **psychologischen Tricks** dahinter,
zeigen **Warnsignale** auf und geben **konkrete
Tipps**, wie Sie sich davor schützen können –
**sachlich und aufklärend, ohne Ihnen Angst zu
machen**. Denn Wissen ist der beste Schutz: Wenn
Sie diese Maschen kennen, können Sie im Ernstfall
ruhig bleiben und richtig handeln.

**Schockanrufe – der Anruf, der unter Druck
setzt**

Stellen Sie sich vor, das Telefon klingelt und eine
aufgelöste Stimme stammelt: *„Hilfe, bitte, du
musst mir helfen…"* Vielleicht erkennen Sie die
Stimme nicht sofort – doch die Person am anderen
Ende weint und fleht um Unterstützung.
Schockanrufe beginnen oft genau so: mit einer

weinerlichen Stimme, die um Hilfe bittet. Im nächsten Moment übernimmt eine fremde Person das Gespräch, die sich beispielsweise als **Polizist**, **Anwalt** oder **Richter** ausgibt. Dieser behauptet in ernstem Ton, es habe einen schrecklichen Vorfall gegeben. In einer häufigen Variante wird etwa gesagt, Ihr naher Angehöriger – zum Beispiel Ihre Tochter oder Ihr Sohn – habe einen tödlichen **Verkehrsunfall** verursacht. Nun sei Ihr Familienmitglied in Haft oder stehe kurz davor, ins Gefängnis zu kommen. Die einzige Möglichkeit, dies zu verhindern, bestehe darin, **sofort eine hohe Geldsumme als Kaution zu zahlen**. Andernfalls, so wird gedroht, drohe eine lange Haftstrafe.

Typischer Ablauf eines Schockanrufs

Die **typische Schockanruf-Masche** lässt sich an einem Beispiel verdeutlichen:

Beispiel: Frau M. genießt einen ruhigen Nachmittag, als plötzlich das Telefon klingelt. Am Apparat meldet sich eine wimmernde Stimme: *„Oma, ich bin's... ich hatte einen furchtbaren Unfall..."* Frau M. ist überrascht und erschrocken – es klingt wie ihre Enkelin, die verzweifelt weint. Bevor sie genauer nachfragen kann, schaltet sich eine andere Stimme ein: *„Guten Tag, hier spricht Kommissar Weber von der Polizei. Ihre Enkelin hatte einen Autounfall und eine Person wurde* *dabei tödlich verletzt.“* Frau M. stockt der Atem. Der angebliche Polizist fährt fort: *„Ihre Enkelin sitzt nun in Untersuchungshaft. Wenn nicht sofort eine **Kaution** hinterlegt wird, muss sie ins Gefängnis.“* Die Seniorin fühlt Panik in sich aufsteigen. Sie soll **sofort 30.000 Euro in bar** bereithalten – nur dann käme ihre Enkelin frei. Als Frau M. antwortet, sie habe so viel Geld nicht im Haus, fordert der Anrufer sie auf, **alle Wertsachen und Bargeld** zusammenzusuchen, die sie entbehren kann. *„Bleiben Sie am Telefon und legen Sie nicht auf! Sprechen Sie mit niemandem darüber, wir regeln das jetzt gleich“*, drängt er. Unter Schock und dem Eindruck, ihrer Enkelin das Leben zu retten, packt Frau M. ihren Schmuck und die Ersparnisse in eine Tasche. Kurz darauf klingelt es an der Haustür: Ein Mann, der sich als Mitarbeiter der Polizei ausgibt, steht vor der Tür. Er zeigt einen Ausweis durch den Türspalt und sagt: *„Ich bin hier, um das Geld abzuholen und Ihrer Enkelin zu helfen.“* Frau M. übergibt zitternd die Wertsachen. Erst **Stunden später**, als sie ihre echte Enkelin erreicht, erkennt sie voller Schrecken, dass sie Betrügern aufgesessen ist.

Dieses Beispiel zeigt, wie geschickt Täter vorgehen. **Schockanrufe** zielen darauf ab, Sie in einen **Ausnahmezustand** zu versetzen. Die Betrüger berichten etwa von schweren Unfällen, dringenden Operationen oder anderen Schreckensmeldungen, die einen geliebten Menschen betreffen. Immer gibt es angeblich eine *einzige Chance*, das Unheil abzuwenden: eine **sofortige Zahlung** von Geld oder das Herausgeben von Wertgegenständen. Dabei geben sich die Kriminellen oft als **Verwandte in Not** (Enkel, Sohn, Tochter) **oder als Amtspersonen** (Polizist, Anwalt, Staatsanwalt) aus. Häufig treten sie sogar in **Kombination** auf: Erst meldet sich der vermeintliche Verwandte, dann übergibt er an einen Komplizen, der als **Polizeibeamter oder Jurist** auftritt. Durch diese angebliche Bestätigung einer **offiziellen Stelle** wirkt die Geschichte noch glaubhafter.

Psychologische Tricks: Wie der Name schon andeutet, setzen Schockanrufer ganz bewusst auf den **Schockeffekt**. Die erste Nachricht – etwa ein Unfall oder eine Verhaftung – löst starke *Angst und Mitleid* aus. Das Opfer gerät unter emotionalen **Stress** und hat das Gefühl, sofort handeln zu müssen. *„Die Betrüger versetzen ihre Opfer mit Horrorgeschichten in eine Art Schockstarre"*, erklärt ein Experte der Polizei München, *„der Verstand setzt aus"*. In diesem Zustand können Menschen nicht mehr klar denken und folgen eher den Anweisungen der Anrufer. Zudem bauen die Täter enormen **Zeitdruck** auf: *„Es muss gleich*

passieren, sonst ist es zu spät!" – solche Sätze
sollen verhindern, dass Sie in Ruhe überlegen oder
jemanden um Rat fragen. Häufig fordern die
Betrüger sogar, dass man **ständig verbunden**
bleibt und das Telefon nicht aus der Hand legt. So
stellen sie sicher, dass Sie keine Gelegenheit
haben, z. B. den echten Angehörigen zu
kontaktieren oder die Polizei zu informieren.
Gleichzeitig *verbieten* die Anrufer ihren Opfern,
mit Dritten zu sprechen: *„Erzählen Sie niemandem
davon, sonst muss Ihre Enkelin ins Gefängnis!"*
Diese Forderung zur **Geheimhaltung** ist ein klares
Warnsignal für Betrug.

Ein weiteres Merkmal von Schockanrufen ist die
flexible Forderung: Haben Opfer nicht genug
Bargeld zu Hause, lotsen die Täter sie sogar zur
Bank. Dort sollen sie Geld abheben oder
Schließfächer leeren – am besten, ohne den wahren
Grund zu verraten. In manchen Fällen haben
aufmerksame Bankangestellte solch
ungewöhnliche Abhebungen bemerkt und
Schlimmeres verhindert. Denn leider gilt: Oft
bemerken Opfer den Betrug erst, *„wenn es zu spät
ist"*, wenn also Geld und Schmuck bereits
übergeben wurden.

Warnsignale bei Schockanrufen

Fragt man sich in Ruhe, fallen bei Schockanrufen
viele Ungereimtheiten auf. Achten Sie auf
folgende **Warnsignale**, die nahezu immer
auftreten:

- **Dramatische Schreckensgeschichte:** Der
  Anruf beginnt mit einer extrem
  beunruhigenden Nachricht (Unfall, Not-
  OP, Verhaftung). Täter übertreiben
  bewusst, um maximale Angst zu erzeugen.

- **Unbekannte Nummer oder falsche
  Identität:** Oft zeigen Telefone
  „Unbekannt" an, oder es wird sogar eine
  örtliche Nummer vorgetäuscht. Die
  Anrufer nutzen technische Tricks, um z. B.
  eine lokale Vorwahl oder sogar *110* im
  Display erscheinen zu lassen. Lassen Sie
  sich davon nicht täuschen – echte Notrufe
  rufen niemals mit der 110 zurück an.

- **Druck und Eile:** Es wird behauptet, dass
  sofort gehandelt werden muss. Keine Zeit
  zum Nachdenken oder Nachfragen –
  dieses künstliche Zeitlimit soll Sie
  überrumpeln.

- **Forderung nach Geld oder Wertsachen:**
  Egal ob *Kaution, OP-Kosten* oder
  Schadenersatz – am Ende sollen Sie

Bargeld, Schmuck oder Wertgegenstände
aushändigen. Behörden würden so etwas
niemals am Telefon organisieren.

- **Geheimhaltung:** Sie sollen *niemandem*
  etwas erzählen, nicht die Familie oder
  Nachbarn einweihen. Diese Abschottung
  ist typisch für Betrug, damit Ihnen
  niemand von außen zu Vernunft raten
  kann.

- **Abholung durch Fremde:** Häufig
  kündigen die Anrufer an, dass ein **Bote**
  oder *ein Beamter vorbeikommt*, um das
  Geld abzuholen – oft an der Haustür oder
  an einem öffentlichen Ort (z. B. vor dem
  Gerichtsgebäude). Die Übergabe an
  unbekannte Hände ist niemals ein
  normales Vorgehen in echten Notfällen.

Erkennen Sie eines oder mehrere dieser Zeichen,
ist höchste Vorsicht geboten. Am besten, **sofort
auflegen** – dann haben Sie alles richtig gemacht.
Niemand ist vollkommen davor gefeit, auf solche
Tricks hereinzufallen. Schämen Sie sich also nicht,
lieber einmal zu viel misstrauisch zu sein. Selbst
erfahrene Menschen und Polizeiangehörige wurden
am Telefon schon überrascht, weil die Täter so
überzeugend auftreten. Denken Sie immer daran:

Merksatz: Niemals ist die Behandlung eines Unfallopfers von einer vorherigen Zahlung eines Geldbetrages abhängig.

Mit diesem Satz im Hinterkopf können Sie sich in der Schocksituation selbst bremsen. **Kein echter Notfall** – weder im Krankenhaus noch bei der Polizei – hängt davon ab, dass Sie spontan tausende Euro übergeben. Sobald am Telefon Geld gefordert wird, *handelt es sich mit allergrößter Wahrscheinlichkeit um Betrug.*

So reagieren Sie richtig auf Schockanrufe

Geraten Sie in die Situation eines solchen Anrufs, beherzigen Sie folgende **Tipps**, um sich zu schützen:

- **Ruhe bewahren und auflegen:** So schwierig es im ersten Moment klingt – nehmen Sie sich *einen Moment Zeit.* Atmen Sie durch. **Legen Sie dann sofort auf**, sobald Ihnen etwas verdächtig vorkommt. Sie müssen das Gespräch nicht fortführen. Die Polizei rät: *„Legen Sie am besten auf, wenn Sie sich unter Druck gesetzt fühlen".* Ein abrupt beendetes Telefonat ist immer besser, als auf eine Lügengeschichte hereinzufallen.

- **Selbst verifizieren:** Rufen Sie **Ihre Angehörigen selbst** unter den gewohnten Nummern zurück. Wenn angeblich die Enkelin im Krankenhaus ist, telefonieren Sie mit der echten Enkelin oder anderen Verwandten. Nutzen Sie jedoch **nicht** die Rückruftaste und wählen Sie nicht die Nummer, die Ihnen der Anrufer eventuell gegeben hat. Wählen Sie von Hand eine vertraute Nummer oder verwenden Sie ein anderes Telefon. So stellen Sie sicher, dass Sie nicht aus Versehen wieder bei den Betrügern landen (Stichwort: Leitung wurde nicht aufgelegt).

- **Keine persönlichen Infos preisgeben:** Fragen Sie den Anrufer stattdessen gezielt *„Wen möchten Sie sprechen?"* oder *„Wie heißen Sie?"*, ohne selbst Namen zu nennen. Echte Polizisten oder Verwandte werden sich korrekt ausweisen bzw. melden. **Geben Sie am Telefon niemals Details** zu Ihrem Familien- oder Finanzleben preis. Betrüger könnten diese Informationen nutzen, um ihre Geschichte auszuschmücken.

- **Skepsis bei Forderungen:** Seien Sie misstrauisch, wenn Geld oder Wertsachen am Telefon gefordert werden. **Übergeben Sie niemals Geld an Unbekannte** – weder direkt, noch indirekt. Die Polizei oder Gerichte werden Sie *nie auffordern*, Bargeld zuhause bereitzuhalten oder an der Tür zu übergeben.

- **Vertrauensperson hinzuziehen:** Beziehen Sie Freunde, Nachbarn oder Vertrauenspersonen ein, wenn Sie unsicher sind. Sprechen Sie darüber. Oft hilft schon ein kurzer Austausch mit jemandem, der klar denken kann, um den Betrug als solchen zu erkennen. Im Zweifel **rufen Sie die Polizei über 110** an und schildern den Vorfall. Die echte Polizei ist für solche Fälle sensibilisiert und hilft Ihnen gerne.

Wenn Sie all diese Punkte beherzigen, sind Sie für den Fall eines Schockanrufs gut gerüstet. Im nächsten Abschnitt widmen wir uns der zweiten, ähnlichen Masche – dem Auftreten falscher Polizisten am Telefon oder an der Haustür.

Falsche Polizisten – Betrüger in amtlicher Verkleidung

Gleich vorweg: **Die echte Polizei wird Sie niemals um Geld oder Wertgegenstände bitten.** Genau diese Tatsache machen sich jedoch Betrüger zunutze, indem sie sich am Telefon oder sogar an der Wohnungstür als **Polizist** oder **Kriminalbeamter** ausgeben und besorgt klingen. Ihr Vorwand: **Ihr Geld oder Schmuck sei in Gefahr** und müsse *dringend sichergestellt* werden.

Falsche Polizisten am Telefon

Bei dieser Variante erhalten Sie einen **Anruf von einem angeblichen Polizeibeamten**. Oft beginnt es harmlos: *„Guten Tag, hier spricht Kommissar Meyer von der Kriminalpolizei."* Mit freundlichem, aber bestimmtem Ton erklärt der Anrufer, in Ihrer **Nachbarschaft** sei eine **Einbruchserie** oder ein Überfall vorgekommen. Man habe die Täter zwar (angeblich) geschnappt, jedoch habe man bei ihnen eine Liste gefunden – und **Ihr Name und Ihre Adresse stünden darauf**. Das soll heißen: Kriminelle hätten es speziell auf Sie abgesehen, vielleicht wegen Ihrer Wertsachen. Der falsche Polizist warnt: *„Ihr Geld und Schmuck sind zu Hause nicht mehr sicher!"* Diese Aussage versetzt jeden in Unruhe. Wer möchte schon riskieren, Opfer eines Einbruchs zu werden?

Nun bieten die Betrüger ihre *Hilfe* an: Die **Polizei** könne Ihre Wertgegenstände **vorsorglich abholen und sicher verwahren**, bis die Gefahr vorüber sei. Eventuell sagt der Anrufer auch, man müsse Geld und Schmuck **auf Spuren untersuchen** oder fotografieren, um die Einbrecher zu überführen. Alles natürlich *nur zu Ihrem Besten*! Wenn Sie skeptisch reagieren, setzen die Täter nach. Sie untermauern ihre Geschichte mit Details: Beispielsweise nennen sie **tatsächliche Straßennamen** aus Ihrer Umgebung, um glaubwürdig zu wirken. Möglicherweise verbinden sie Sie am Telefon sogar scheinbar weiter an eine *andere* Person (einen Kollegen oder Vorgesetzten), die die Geschichte bestätigt – in Wirklichkeit sind es Komplizen im selben Callcenter.

Ein tückisches technisches Detail: Die Betrüger können per **Call ID Spoofing** die Telefonnummer manipulieren, die auf Ihrem Display erscheint. So kann es aussehen, als käme der Anruf tatsächlich von der örtlichen Polizeidienststelle. In manchen Fällen wurde sogar schon die **110** angezeigt, was natürlich besonders vertrauenerweckend scheint. Doch Vorsicht: *„Die angezeigte Nummer ist kein Beleg dafür, dass wirklich die Polizei am Apparat ist"*, warnen Verbraucherschützer. **Über die Notrufnummer 110 ruft die Polizei niemals bei Ihnen an** – diese Nummer dient ausschließlich dazu, **dass *Sie* die Polizei anrufen**, nicht umgekehrt. Wenn also angeblich die Polizei anruft und im Display 110 steht, wissen Sie: Das ist technisch manipuliert und ein sicheres **Warnsignal** für Betrug.

Folgt man den Anweisungen der falschen Polizisten am Telefon, läuft es ähnlich ab wie beim Schockanruf: Die Täter werden Sie bitten, **Wertsachen oder Bargeld bereitzulegen**. Entweder schicken sie jemanden vorbei, oder sie fordern Sie auf, die Sachen beispielsweise draußen vor die Haustür zu legen oder an einem bestimmten Ort zu deponieren, wo ein Kollege sie abholt. Natürlich verschwindet damit Ihr Eigentum für immer. – Eine weitere Variante am Telefon ist der Vorwand, **Ihr Bankkonto sei nicht sicher**: Betrüger geben sich als *Bankmitarbeiter oder Polizisten* aus und behaupten, jemand wolle von Ihrem Konto Geld stehlen. Sie sollen vorsichtshalber alles Geld abheben und einem Polizisten übergeben, der es *für Sie schützt*. Auch hier gilt: Die Polizei würde Sie **niemals auffordern, Bargeld abzuheben und zu übergeben** – weder am Telefon noch sonst irgendwie.

Falsche Polizisten an der Haustür

Manche Betrüger gehen noch einen Schritt weiter und **tauchen persönlich an Ihrer Haustür auf**. Stellen Sie sich vor: Es klingelt abends, draußen stehen ein Mann und eine Frau in zivil, vielleicht mit einer Mappe in der Hand. *„Guten Abend, Polizei. In Ihrer Gegend sind Einbrecher* *unterwegs. Wir überprüfen, ob alles sicher ist.“* Vielleicht zeigen sie im Vorbeigehen einen *„Dienstausweis“*, der echt wirken soll. **Amtliche Erscheinung** und ein bestimmter Tonfall sorgen dafür, dass viele Menschen unbewusst gehorchen. Die Betrüger behaupten z. B., es habe kürzlich einen Überfall gegeben und sie müssten nun Ihre Wohnung **überprüfen** – insbesondere, ob Ihre **Wertsachen sicher verwahrt** sind. Sobald Sie die falschen Beamten hereinlassen, besteht große Gefahr: Entweder lenkt einer Sie in ein Gespräch, während der andere auf schnelle Suche nach Bargeld und Schmuck geht (typischer **Trickdiebstahl** in Wohnungen), oder sie lassen sich direkt Ihre Verstecke zeigen *„zur Kontrolle“* und stecken dann etwas ein. Manche bieten auch an, Ihre Barschaft vorübergehend *„mitzunehmen“* zur Sicherheit – in Wahrheit stehlen sie es. In wieder anderen Fällen präsentieren Betrüger an der Tür sogar gefälschte **Briefe** mit amtlichem Aussehen: etwa einen fingierten Haftbefehl oder ein Schreiben der Staatsanwaltschaft, mit der Aufforderung, sofort eine Geldstrafe zu zahlen, um eine Haft zu vermeiden. All diese Szenarien haben eines gemeinsam: Die Initiative geht immer vom Betrüger aus, und am Ende soll Ihr **Geld den Besitzer wechseln.**

Warnsignale an der Tür: Erscheinen unangekündigt vermeintliche Polizisten oder Amtspersonen, ist generell **Vorsicht geboten**. Fragen Sie sich: Haben Sie selbst die Polizei gerufen? Erwarten Sie wirklich Beamte? Falls nein, ist Skepsis angebracht. **Echte Polizisten kommen nicht einfach vorbei**, um ohne Anlass Ihre Wertsachen zu begutachten. Sie würden auch niemals Druck machen, Sie zur Herausgabe von Eigentum zu bewegen. Bestehen Sie immer darauf, den **Dienstausweis** genau zu prüfen – nehmen Sie ihn in die Hand und lesen Sie ihn in Ruhe. Betrüger zeigen oft nur kurz einen Ausweis aus der Ferne oder hinter Glas, drängen dann ins Haus. Lassen Sie sich nicht darauf ein. Öffnen Sie im Zweifel die Tür *gar nicht*, sprechen Sie durch die geschlossene Tür oder einen Türspalt mit Sperrriegel. **Rufen Sie bei der örtlichen Polizei an**, wenn Ihnen etwas verdächtig vorkommt. Suchen Sie die Nummer der Dienststelle selbst heraus (zum Beispiel auf Ihrer Polizeiwache-Webseite oder via Telefonbuch). **Wichtig:** Lassen Sie den oder die Besucher währenddessen *draußen warten* – ein echter Polizist hat dafür Verständnis. Kommt der Unbekannte mit Ausreden (*„Keine Zeit, wir müssen jetzt rein"*) oder droht sogar, *„Dann holen wir uns einen Durchsuchungsbefehl"*, lassen Sie sich nicht einschüchtern. **Rufen Sie im Zweifel die *110*.**

Spätestens wenn die echten Kollegen vorfahren, wird sich zeigen, wer hier die Wahrheit sagt. Einen echten Beamten stört es niemals, wenn Sie so etwas überprüfen – im Gegenteil, die Polizei **rät ausdrücklich zu solch umsichtigem Verhalten**.

Tipps: So schützen Sie sich vor falschen Polizisten

Viele Vorsichtsmaßnahmen ähneln denen bei Schockanrufen, denn auch hier versuchen Betrüger vor allem, Sie zu überrumpeln. Hier die wichtigsten **Tipps**, um nicht auf falsche Polizisten hereinzufallen:

- **Keine unbekannten Besucher einlassen:** Lassen Sie **grundsätzlich keine Fremden in Ihre Wohnung**. Dies gilt umso mehr, wenn die Personen behaupten, Amtspersonen zu sein, aber unangekündigt kommen. Öffnen Sie im Zweifel nur mit vorgelegter Türsperre oder sprechen Sie durch die Tür.

- **Ausweis zeigen lassen:** Bitten Sie **angebliche Polizisten immer um ihren Dienstausweis**. Nehmen Sie ihn zur Kontrolle an sich. Ein echter Polizeiausweis hat Hologramme und ist laminiert – schauen Sie genau hin.

Betrüger weigern sich oft oder reagieren ungehalten – ein weiteres Warnsignal.

- **Selbst bei Behörde anrufen:** Scheuen Sie sich nicht, **selbst bei der Behörde anzurufen**, von der die Besucher angeblich kommen. Nutzen Sie dafür allerdings niemals die vom Besucher genannte Nummer, sondern suchen Sie die offizielle Telefonnummer selbst heraus (Notruf 110 oder die lokale Dienststelle). Schildern Sie die Situation und fragen Sie nach, ob wirklich Beamte im Einsatz sind. **Lassen Sie Besucher währenddessen draußen warten** – ein echter Polizist wird Ihr Misstrauen verstehen.

- **Keine Details preisgeben:** Geben Sie **weder an der Haustür noch am Telefon persönliche Informationen preis** – insbesondere nicht über Ihre Vermögenswerte, Bankkonten oder Verstecke. Die Polizei würde Sie am Telefon niemals nach Kontoständen oder Bargeld fragen. Solche Fragen entlarven den Anrufer als Betrüger.

- **Kein Geld übergeben: Übergeben Sie niemals Geld oder Schmuck an Unbekannte!** Weder die Polizei noch

Gerichte fordern Bürger auf, spontan
Wertsachen auszuhändigen. Schon gar
nicht holen echte Polizisten einfach Geld
bei Ihnen zu Hause ab. Wenn jemand dies
verlangt – ob telefonisch oder persönlich –
brechen Sie den Kontakt ab.

- **Telefonbucheintrag prüfen:** Viele
  Betrüger **fischen gezielt im Telefonbuch**
  nach Opfern. Einträge mit altmodischen
  Vornamen oder sehr kurzen
  Telefonnummern deuten auf ältere
  Teilnehmer hin. Überlegen Sie, Ihren
  **Vornamen abzukürzen oder ganz
  löschen zu lassen**. Wenn aus *„Elisabeth
  Meier"* nur *„E. Meier"* wird, können
  Anrufer nicht sofort Ihr Alter erraten.
  Familie und Freunde kennen Ihre Nummer
  ohnehin.

- **Aufmerksam im Umfeld sein:** Sprechen
  Sie mit Ihrem Freundes- und
  Bekanntenkreis über diese Maschen. Oft
  sind es gerade Senioren in der
  Nachbarschaft, die ähnliche Anrufe
  erhalten. Warnen Sie sich gegenseitig.
  Wenn in Ihrer Umgebung solche
  Betrugsversuche vorkommen, informieren
  Sie andere – zum Beispiel durch Aushänge

am Schwarzen Brett im Wohnhaus oder in der Gemeinde. Informiertheit ist ansteckend und schützt die Gemeinschaft.

- **Vorfall melden:** Falls Sie einen verdächtigen Anruf oder Besuch erhalten haben (auch wenn Sie nicht darauf hereingefallen sind), **informieren Sie die Polizei**. Jede Meldung hilft den Behörden, die Machenschaften besser zu verfolgen und Warnungen an die Öffentlichkeit zu geben.

Zum Schluss möchten wir betonen: Bleiben Sie **ruhig und besonnen**, egal wie echt ein Anruf oder Besucher wirkt. **Die Betrüger sind Profis darin, Vertrauen zu erschleichen**, aber mit gesundem Misstrauen und dem Wissen um diese Tricks sind Sie ihnen einen Schritt voraus. Zögern Sie nicht, im Zweifelsfall aufzulegen oder die Tür zu schließen – **Ihre Sicherheit geht vor**. Die echten Beamten unterstützen Sie, anstatt Ihnen böse zu sein, wenn Sie Vorsicht walten lassen.

Fazit: Schockanrufe und falsche Polizisten sind hinterhältige Betrugsmaschen, die auf Angst und Gutgläubigkeit setzen. Doch Sie müssen kein Opfer bleiben. Mit dem hier vermittelten Wissen erkennen Sie die **Warnsignale** frühzeitig. Bleiben Sie skeptisch bei unerwarteten Geldforderungen,

vertrauen Sie Ihrem Bauchgefühl und holen Sie im Zweifel Unterstützung. So sind Sie bestens gewappnet, um Trickbetrügern entschlossen entgegenzutreten – **ohne Angst, aber mit gesundem Misstrauen**. Bleiben Sie informiert und passen Sie gut auf sich auf!

Kapitel 4: Trickbetrug an der Haustür – klassische Maschen erkennen und vermeiden

Einleitung: Nicht jeder, der an der Haustür klingelt, kommt mit guten Absichten. Besonders ältere Menschen geraten immer wieder ins Visier solcher Betrüger. Die Täter setzen auf **Trickdiebstahl** – sie verschaffen sich unter einem Vorwand Zutritt zur Wohnung, um unbemerkt Bargeld oder Schmuck zu stehlen – oder auf **Haustürbetrug**, bei dem Seniorinnen und Senioren zu spontanen Geschäften oder Unterschriften gedrängt werden. Ihre Methoden sind vielfältig und oft erschreckend geschickt: Falsche Handwerker, angebliche Amtspersonen, dubiose Spendensammler oder hilfesuchende Fremde zählen zu den „klassischen Maschen" an der Haustür.

Die folgenden Abschnitte erklären sachlich und verständlich, wie diese Betrugsmaschen ablaufen, mit welchen **psychologischen Tricks** die Täter arbeiten, woran Sie **Warnsignale** erkennen und welche **Schutzmaßnahmen** Sie ergreifen können. Wichtig ist dabei immer, Ruhe zu bewahren und gesundes Misstrauen an den Tag zu legen – ohne sich verunsichern zu lassen. **Merksatz:** *Ein gesundes Misstrauen ist keine Unhöflichkeit.* Sie dürfen und sollen fremden Besuchern gegenüber vorsichtig sein. Im Zweifel gilt: lieber einmal zu viel nachfragen oder Hilfe holen, als auf einen Trickbetrüger hereinzufallen.

Falsche Handwerker – Wenn sich Betrüger als Fachleute ausgeben

Beispiel: Herr Weber wohnt allein. Eines Vormittags klingelt es unerwartet an seiner Tür. Draußen steht ein Mann in Arbeitskleidung mit Werkzeugkoffer. Er behauptet, von den Wasserwerken zu sein: "In der Nachbarschaft gab es einen Rohrbruch, wir müssen dringend Ihre Leitungen überprüfen, sonst droht ein Wasserschaden!" erklärt er. Herr Weber ist alarmiert und lässt den angeblichen Handwerker hinein. Dieser bittet ihn, in der Küche den Wasserhahn voll aufzudrehen. Während Herr Weber dem nachkommt, hört er kaum, dass der Fremde die Wohnungstür einen Spalt offen lässt. Unbemerkt betritt eine zweite Person die Wohnung und durchstöbert das Schlafzimmer nach Wertsachen. Kurz darauf verabschiedet sich der „Handwerker". Erst später bemerkt Herr Weber, dass Schmuck und Bargeld fehlen.

In dieser **Szene** stecken gleich mehrere typische Elemente des falschen Handwerker-Tricks. Die Betrüger erscheinen **unangekündigt** und nutzen einen **dringenden Vorwand**, um Einlass zu bekommen – hier ein angeblicher Wasserrohrbruch, der sofortiges Handeln erfordere. Durch die Warnung vor einem großen Schaden üben sie **Zeitdruck und Angst** auf das Opfer aus („Wenn Sie jetzt nicht handeln, kann es einen Wasserschaden im ganzen Haus geben!"). Oft behaupten sie auch, andere Nachbarn hätten sie bereits hereingelassen, um Vertrauen zu erwecken.

Hat der Trick Erfolg, setzen die Täter weitere Manöver ein: Sie lenken ihr Opfer gezielt ab – im Beispiel durch das Aufdrehen des Wassers in der Küche – damit Komplizen ungestört andere Zimmer durchsuchen können. Nicht selten lassen sie absichtlich die Eingangstür offenstehen, sodass ein zweiter Täter unbemerkt eintreten kann. Mit schauspielerischem Talent wirken diese falschen Handwerker überzeugend und geben sich seriös, etwa durch Arbeitskleidung, Ausweise oder aufgesetzte Freundlichkeit.

Warnsignale: Ein Handwerker, der ohne Termin und ohne schriftliche Ankündigung vor der Tür steht, sollte immer Skepsis wecken. Offizielle Mitarbeiter von Stadtwerken oder seriösen Firmen kündigen Wartungsarbeiten in der Regel **vorab schriftlich** oder per Aushang an und kommen nicht einfach spontan vorbei. Fragen Sie sich: Habe ich diesen Handwerker bestellt? Wurde ich von der

Hausverwaltung informiert? Fordert der Besucher ungewöhnlich **dringend und sofortigen Zugang**? All das sind Alarmsignale. Vorsicht ist auch geboten, wenn eine einzelne Person kommt, aber während des Besuchs plötzlich mehrere Personen in der Wohnung sind – ein Hinweis, dass hier Komplizen am Werk sein könnten.

Schutzmaßnahmen: Lassen Sie **niemals fremde Handwerker ohne Prüfung in die Wohnung**. Bitten Sie um einen **Ausweis** oder eine Besuchsbestätigung. Rufen Sie im Zweifel bei der angeblichen Firma oder Behörde an, bevor Sie jemanden hereinbitten – aber suchen Sie die Telefonnummer selbst heraus (z.B. aus Ihren Unterlagen oder dem Telefonbuch), um sicherzugehen, nicht mit einem Komplizen am Handy des Täters zu sprechen. Halten Sie während des Gesprächs die Tür nur mit vorgelegter **Türkette** geöffnet, sodass der Besucher nicht einfach eintreten kann. Wenn Sie sich unsicher fühlen, ziehen Sie einen **Nachbarn** oder eine Vertrauensperson hinzu. Echte Handwerker haben dafür Verständnis. **Merksatz:** *Nur angekündigte oder selbst bestellte Handwerker dürfen ins Haus – im Zweifel den Besucher erst draußen warten lassen und verifizieren!*

Falsche Amtspersonen – Betrüger mit angeblicher Autorität

Beispiel: Frau Schneider erhält abends Besuch von zwei Personen, die sich als Kripobeamte ausgeben. Sie zeigen flüchtig etwas, das wie ein Dienstausweis aussieht, und behaupten: "In der Gegend wurden Senioren von Einbrechern bedroht. Wir müssen prüfen, ob Ihr Geld und Schmuck noch sicher sind." Die falschen Polizisten drängen in die Wohnung. Während einer Frau Schneider ablenkt, durchsucht der andere unbemerkt die Räume nach Wertgegenständen.

Diese betrügerische **Masche** nutzt gezielt die **Vertrauenswürdigkeit von Amtspersonen** aus. Die Täter geben sich beispielsweise als Polizisten, Mitarbeiter des Ordnungsamts oder sogar als Boten von Gerichten und Behörden aus. Sie wirken überzeugend durch vermeintliche **Autorität** – etwa mit gefälschten Dienstausweisen, Uniformteilen oder offizieller Sprache.

Ihr Ziel: Die Opfer sollen gar nicht auf die Idee kommen zu zweifeln, weil man „der Polizei" oder „der Behörde" ja vertraut. Hinzu kommt oft das Schüren von **Angst** oder Sorge, um das Opfer gefügig zu machen. Im Beispiel warnt man vor angeblichen Einbrechern und suggeriert, nur die „Beamten" könnten Frau Schneiders

Wertgegenstände schützen. *(Tatsächlich sind es gerade die Betrüger, die es auf diese Wertsachen abgesehen haben.)*

Warnsignale: Seien Sie misstrauisch, wenn **unangekündigt** angebliche Amtsträger vor Ihrer Tür stehen. Die echte Polizei oder andere Behörden kommen **niemals ohne Voranmeldung** vorbei, um Geld oder Wertsachen zu überprüfen – und schon gar nicht fordern sie solche zur „Sicherheit" ein. Werden Sie auch stutzig, wenn die Besucher **keine echten Dienstausweise** vorzeigen oder Sie unter Druck setzen. Ein Polizist, der drängt „Wir müssen sofort in Ihre Wohnung" oder „Geben Sie uns zur Sicherheit Ihr Bargeld", handelt nicht rechtmäßig, sondern höchst verdächtig. Echte Beamte würden Ihnen immer Zeit geben, ihren Ausweis genau anzuschauen und bei ihrer Dienststelle anzurufen, um alles zu bestätigen.

Schutzmaßnahmen: Fordern Sie von **Amtspersonen** – ob angebliche Polizisten, Stadtwerkemitarbeiter oder Ähnliches – stets den **Dienstausweis** und prüfen Sie ihn in Ruhe. Zögern Sie nicht, bei der entsprechenden Behörde oder Polizeidienststelle **anzurufen**, um den Besuch verifizieren zu lassen, bevor Sie jemanden hereinlassen. Suchen Sie dazu selbst die offizielle

Telefonnummer heraus (z.B. im Telefonbuch oder auf einer behördlichen Webseite), um sicherzugehen, dass Sie wirklich die echte Stelle kontaktieren. Lassen Sie niemanden aufgrund eines vorgezeigten Abzeichens einfach so in die Wohnung – halten Sie im Zweifel die Tür geschlossen oder nur angelehnt mit Sperrriegel, bis Sie sicher sind. Denken Sie daran: **Die Polizei holt niemals Geld oder Wertsachen bei Ihnen ab!** Das Gleiche gilt für Banken oder Ämter – wer an der Tür Geld, EC-Karten, Schmuck oder Ähnliches von Ihnen verlangt, ist ein Betrüger. **Merksatz:** *Echte Polizisten fordern nie Ihr Geld – verlangt jemand an der Haustür Wertsachen, sofort die 110 anrufen!*

Falsche Spendensammler – Wenn die Gutmütigkeit ausgenutzt wird

Beispiel: Am Nachmittag klingelt es bei Ehepaar Huber. Draußen steht eine junge Frau mit Klemmbrett und zeigt auf die Überschrift "Spendenaktion für taubstumme Kinder". Auf der Liste stehen bereits einige angebliche Nachbarnamen mit Spendenbeträgen. Frau Huber fühlt sich unter Druck. Die Fremde deutet an, dass sie nicht sprechen kann. Um zu helfen, trägt Frau Huber sich ein und übergibt 20 Euro. Später stellt sich heraus, dass die ganze Aktion nur vorgetäuscht war – ein Trickbetrug.

Bei dieser **Masche** nutzen Betrüger die **Hilfsbereitschaft und das Mitgefühl** ihrer Opfer schamlos aus. Sie geben vor, für wohltätige Zwecke zu sammeln, oder täuschen Behinderungen und Notlagen vor, um Mitleid zu erregen. Typisch ist auch das Vorzeigen von **Listen mit angeblichen Spendern** – oft sind die Namen und Beträge darauf frei erfunden, um sozialen Druck aufzubauen nach dem Motto: „Die Nachbarn haben ja auch alle gespendet." Ebenso greifen falsche Spendensammler zu **gefälschten Ausweisen oder Sammelbüchsen**, die Seriosität vorgaukeln. In manchen Fällen bitten sie um eine Unterschrift unter einer Petition oder Liste – tatsächlich kann das eine Verpflichtung zu einer größeren Spende oder einem Abo sein, das im Kleingedruckten versteckt ist.

Warnsignale: Lassen Sie sich nicht von einem traurigen Gesichtsausdruck, dramatischen Schilderungen oder Fotos von leidenden Kindern unter Druck setzen. Seriöse Spendensammler können sich **ausweisen** und haben **Informationsmaterial** dabei. Sie drängen nicht darauf, dass Sie sofort an der Haustür entscheiden. Achtung ist geboten, wenn der Sammler keine klaren Angaben zur Organisation machen kann, keinen gültigen Spendenausweis vorlegt oder auf Bargeld besteht, aber keine Quittung anbieten will. Gerade in der Vorweihnachtszeit oder nach großen Unglücksfällen häufen sich Haustür-Sammlungen – leider sind nicht alle echt. Ein **gefälschter Spendenausweis** oder eine dubiose Geschichte („Ich sammle für ein nicht registriertes Projekt") sind klare Alarmzeichen.

Schutzmaßnahmen: Sie haben jedes Recht, **Nein** zu sagen oder sich erstmal Bedenkzeit zu erbitten, wenn jemand an der Tür um Geld bittet. Im Zweifel spenden Sie lieber direkt an bekannte Organisationen, statt spontan an der Haustür. Fragen Sie nach einem **Spendenausweis** und einer offiziellen Genehmigung für die Sammlung. Wer seriös ist, wird Ihnen diese zeigen und Ihnen Infomaterial oder Quittungen anbieten. Geben Sie **kein Bargeld** an Unbekannte, wenn Sie unsicher sind – seriöse Organisationen können Sie auch später noch unterstützen, nachdem Sie deren Unterlagen geprüft haben. Lassen Sie Spendensammler nicht in die Wohnung. Wenn Sie helfen möchten, können Sie z.B. anbieten, erst Informationen einzuholen oder selbst online zu spenden. **Merksatz:** *Spenden Sie mit Herz, aber mit Verstand – an der Haustür erst prüfen, dann geben!*

Hilfesuchende Fremde – Vorgetäuschte Notlagen an der Tür

Beispiel: Beim Abendessen klingelt es plötzlich an der Tür. Davor steht ein blasses, zitterndes junges Mädchen, das schwach um ein Glas Wasser bittet. Sie behauptet, schwanger zu sein und ihr sei schwindelig. Herr Keller geht hilfsbereit in die Küche, um Wasser zu holen, während seine Frau die Fremde kurz im Flur warten lässt. In diesem Moment schlüpft eine zweite Person, die sich im Treppenhaus verborgen hatte, durch die offen stehende Wohnungstür und verschwindet im Schlafzimmer. Als das Ehepaar der Fremden das Wasser bringen will, lehnt sie dankend ab und geht hastig. Kurz darauf merken die Kellers, dass aus dem Schlafzimmer Schmuckstücke gestohlen wurden.

Dieser Vorfall beschreibt den **„Glas-Wasser-Trick"**, eine besonders perfide Variante des Trickdiebstahls. Die Täterinnen oder Täter täuschen eine **Notlage** vor – häufig Übelkeit, Schwangerschaft oder dringende Medikamentenbedürftigkeit – und appellieren an die Hilfsbereitschaft der Hausbewohner.

Ähnliche Varianten sind das Bitten um einen Telefonanruf („Darf ich kurz Ihr Telefon benutzen? Es ist ein Notfall.") oder um Stift und Papier für eine angebliche Nachricht an einen Nachbarn. Ziel ist immer, die Person an der Tür abzulenken und ins Haus zu gelangen. Oft agieren diese Betrüger zu **zweit**: Eine Person hält das Opfer im Eingangsbereich beschäftigt, während die andere unbemerkt die Wohnung betritt, sobald die Tür einen Moment offensteht. Im Beispiel hat das Mädchen das Ehepaar in Sorge versetzt, sodass sie unvorsichtig wurden – genau das nutzen die Diebe eiskalt aus.

Warnsignale: Bedenken Sie, warum eine fremde Person gerade **Sie** um Hilfe bittet. Klingelt jemand völlig Unbekanntes und möchte ins Haus – selbst wenn die Geschichte noch so rührend klingt – sollten Ihre Alarmglocken angehen. Ein klassisches Warnsignal ist, wenn jemand darum bittet, **in Ihre Wohnung zu kommen** („Mir ist so schlecht, darf ich mich kurz hinlegen?") oder wenn man Sie bittet, etwas zu holen und währenddessen Ihre Tür offen zu lassen. Grundsätzlich gilt: **Hilfe leisten ja, aber niemals Fremde unbeaufsichtigt in die Wohnung lassen!** Wenn zwei Personen auftauchen (z.B. eine vermeintlich Hilflose und eine Begleitperson), ist ebenfalls Vorsicht angesagt – es könnte ein **Ablenkungsmanöver** dahinterstecken. Vertrauen Sie Ihrem Bauchgefühl: Kommt Ihnen die Situation merkwürdig vor, bleiben Sie lieber misstrauisch.

Schutzmaßnahmen: Sie können in Notsituationen helfen, **ohne die Tür weit zu öffnen oder jemanden hereinzubitten**. Bieten Sie an, selbst den Notruf zu wählen oder holen Sie ein Glas Wasser und reichen Sie es **draußen** durch einen Türspalt bzw. bei angelegter Kette. Wenn Sie etwas im Haus suchen oder holen müssen (z.B. Telefon, Medikament), **schließen Sie währenddessen die Tür** ab oder legen Sie die Sperrkette ein. So verhindern Sie, dass während Ihrer Abwesenheit jemand unbemerkt in die Wohnung schlüpft. Lassen Sie fremde Personen niemals unbeaufsichtigt in Ihrem Vorraum stehen – wenn Sie helfen wollen, behalten Sie stets die Kontrolle über die Situation. Im Zweifelsfall können Sie anbieten, **vor der Tür zu warten**, während Sie Hilfe rufen. Und wenn Ihnen die Geschichte unglaubwürdig vorkommt oder die Person zu aufdringlich wird, beenden Sie das Gespräch konsequent. **Merksatz:** *Helfen – ja. Aber die eigene Sicherheit geht vor: Fremde bleiben draußen!*

Allgemeine Tipps: So schützen Sie sich vor Haustür-Betrug

Zusätzlich zu den genannten Maßnahmen pro Masche gibt es ein paar **grundlegende Regeln**, die immer gelten:

- **Tür nur mit Sicherung öffnen:** Nutzen
  Sie Ihren **Türspion** und Ihre **Türkette**
  oder den Sperrbügel, bevor Sie mit
  Unbekannten sprechen. Öffnen Sie niemals
  unvorbereitet die Tür komplett, wenn Sie
  den Besucher nicht kennen.

- **Keine Fremden einfach hereinbitten:**
  Lassen Sie nur Personen in die Wohnung,
  deren **Berechtigung eindeutig** ist – zum
  Beispiel Handwerker mit Termin,
  Angehörige oder offiziell angekündigte
  Besuche. Im Zweifel lassen Sie den
  Besucher draußen warten und ziehen Sie
  eine Vertrauensperson hinzu.

- **Ausweise und Rückversicherung:**
  Verlangen Sie im Zweifel immer einen
  Ausweis (Dienst- oder Firmenausweis)
  und prüfen Sie diesen sorgfältig. Rufen Sie
  bei der angegebenen Stelle an (benutzen
  Sie dafür selbst ermittelte
  Telefonnummern) und fragen Sie nach, ob
  alles seine Richtigkeit hat.

- **Keine spontanen Entscheidungen:**
  Unterschreiben Sie **nichts unter
  Zeitdruck** und übergeben Sie **niemals
  spontan** Wertgegenstände oder Bargeld an
  der Haustür. Denken Sie daran: Offizielle

Stellen werden Sie *nie* auffordern, etwas Wertvolles einfach so herauszugeben.

- **Notruf wählen:** Wenn Ihnen eine Situation verdächtig vorkommt oder Sie sich bedroht fühlen, zögern Sie nicht, **die Polizei unter 110** zu verständigen. Echte Beamte kommen lieber einmal umsonst, als dass ein Betrug geschieht.

- **Vorfall melden:** Sollten Sie (oder jemand aus Ihrem Umfeld) doch auf einen Trick hereingefallen sein, scheuen Sie sich nicht, den **Vorfall der Polizei zu melden**. Sie helfen damit, die Täter zu fassen, und bewahren andere potentielle Opfer vor Schaden.

Mit Umsicht, Ruhe und gesunder Skepsis können Sie sich wirksam vor Trickdiebstahl und Betrug an der Haustür schützen. Bleiben Sie aufmerksam, aber lassen Sie sich nicht verunsichern: Die meisten Menschen meinen es gut – doch bei den wenigen, die Böses im Schilde führen, sind Sie nun gewappnet.

Kapitel 5: Digitale Betrugsmaschen

Im digitalen Zeitalter nutzen Betrüger neue Wege, um an das Geld und die persönlichen Daten ihrer Opfer zu gelangen. Gerade ältere Menschen werden häufig gezielt mit **digitalen Betrugsmaschen** konfrontiert, etwa per Smartphone oder Computer. In diesem Kapitel erfahren Sie sachlich und verständlich, welche **Tricks** es derzeit gibt, wie sie funktionieren, woran Sie sie erkennen können und mit welchen **psychologischen Mitteln** die Täter arbeiten. Vor allem schauen wir uns drei gängige Maschen genauer an: den *WhatsApp-Trick* („neue Nummer, angebliches Kind braucht Geld"), *gefälschte SMS* (z. B. angeblich von Paketdiensten oder Banken) und *betrügerische E-Mails* (sogenanntes **Phishing**). Sie erhalten konkrete **Beispiele** und praxisnahe **Tipps**, damit Sie auch ohne technisches Vorwissen sicher mit Smartphone und E-Mail umgehen und sich schützen können.

Der WhatsApp-Trick: „Neue Nummer, angebliches Kind braucht Geld"

Eine der aktuell häufigsten Betrugsmaschen beginnt mit einer harmlos wirkenden Nachricht auf WhatsApp oder einem ähnlichen Messenger. Typisch ist zum Beispiel folgende Nachricht:

Beispiel: *„Hallo Mama, mein Handy ist kaputt und dies ist meine neue Nummer. Bitte speichere sie und lösche die alte Nummer."*

Mit solch einer Nachricht geben sich **Betrüger** als Sohn oder Tochter aus. Oft behaupten sie, das alte Handy verloren oder beschädigt zu haben, und bitten darum, die neue Nummer als Kontakt zu speichern. Hat man geantwortet, folgt meist zunächst ein kurzer freundlicher Chat, um Vertrauen aufzubauen. Doch schon bald kommt **die eigentliche Bitte**: Das „Kind" gerät angeblich in eine finanzielle Notlage und braucht dringend Geld. Häufig erklären die Betrüger, wegen der neuen Telefonnummer momentan keinen Zugriff auf das eigene Online-Bankkonto zu haben und deshalb um Überbrückungsgeld zu bitten. Es wird versprochen, das geliehene Geld sofort zurückzuzahlen, sobald das Problem behoben sei. Die Summe ist nicht selten hoch (oft mehrere tausend Euro) und soll **sofort überwiesen** werden, manchmal sogar auf ein ausländisches Konto. Sobald das Geld überwiesen wurde, ist es für das Opfer meist verloren – eine Rückholung ist kaum mehr möglich.

Die **psychologische Falle** hinter diesem WhatsApp-Trick ist ausgeklügelt: Die Betrüger setzen auf die Hilfsbereitschaft und Liebe von

Eltern zu ihren Kindern. Durch die vertrauliche Anrede („Hallo Mama/Papa") wiegen sie die Empfänger in Sicherheit. Die erfundene Notlage (etwa ein geplatzter Online-Zahlungstermin, eine dringende Rechnung oder Kaution) erzeugt **Druck und Mitleid**. Eltern möchten ihrem Kind natürlich aushelfen, besonders wenn angeblich *Gefahr im Verzug* ist. Viele Opfer fühlen sich emotional verpflichtet, sofort zu helfen, ohne die Geschichte zu hinterfragen. Zusätzlich wird oft **Zeitdruck** aufgebaut („Ich brauche das Geld noch heute, es ist dringend!"), damit die Betroffenen nicht lange nachdenken oder Rücksprache halten. Manche Täter fordern die Eltern sogar auf, *niemandem etwas von der Geldsendung zu erzählen*, um den Betrug nicht auffliegen zu lassen. So steigern die Kriminellen geschickt den Druck und **verhindern**, dass die Opfer Rat bei anderen einholen.

Woran erkennt man den WhatsApp-Betrug?
Meist schreibt die Person in der Nachricht nicht mit Namen, sondern nur „Dein Sohn" oder „Deine Tochter" – dies ist verdächtig, denn Kinder melden sich üblicherweise mit ihrem Namen oder einem Kosenamen. Die angebliche neue Handynummer ist unbekannt. Auffällig ist auch, dass unmittelbar nach dem Austausch der Nummer eine Geldforderung kommt. Fragen Sie sich: *Warum sollte mein Kind mich nur per Text um eine große*

Summe bitten und nicht persönlich anrufen? Oft vermeiden es die Betrüger nämlich, zu telefonieren. Wenn man einen Anruf vorschlägt, kommen Ausreden wie „Ich kann gerade nicht sprechen" etc. Dies sollte stutzig machen. Ein weiteres Warnsignal ist die Dringlichkeit und Geheimniskrämerei. **Echte Familienmitglieder** würden normalerweise Verständnis haben, wenn man erst prüfen möchte, ob alles stimmt, und hätten nichts dagegen, wenn man andere Verwandte informiert. Betrüger hingegen **drängen auf schnelle, geheime Überweisungen**.

Merksatz: Überweisen Sie **niemals Geld auf Zuruf per WhatsApp,** ohne sich **persönlich** vergewissert zu haben, ob der Absender wirklich Ihr Angehöriger ist.

Zum Glück kann man sich relativ einfach vor dem WhatsApp-Trick schützen. Wenn Sie eine solche Nachricht erhalten, bewahren Sie zuerst Ruhe – auch wenn die Mitteilung noch so dringlich klingt. **Rufen Sie Ihren echten Sohn oder Ihre echte Tochter unter der Ihnen bekannten alten Nummer an** und fragen Sie nach. Nutzen Sie also einen Weg, von dem Sie wissen, dass er zuverlässig zur betreffenden Person führt – etwa auch ein Festnetztelefon oder eine E-Mail-Adresse, die Sie kennen. In den allermeisten Fällen klärt sich dann schnell, dass keine echte Notlage vorliegt und Ihr Kind gar nichts von einer neuen Nummer weiß. **Antworten Sie keinesfalls sofort auf die unbekannte WhatsApp-Nummer und überweisen Sie kein Geld**, solange Zweifel bestehen. Sie können den Chat abbrechen und die Nummer blockieren, sobald Sie den Verdacht haben, es ist Betrug. Erzählen Sie auch Ihrer Familie oder Freunden von dem Vorfall – so sind auch andere gewarnt. Die Polizei rät, solche Betrugsversuche anzuzeigen. Falls Sie bereits Geld überwiesen haben, informieren Sie umgehend Ihre Bank und die Polizei. Je schneller Sie handeln, desto größer ist die Chance, den Schaden zu begrenzen.

Merksatz: Bei Nachrichten von angeblichen Verwandten in Geldnot gilt: **Immer erst persönlich nachprüfen**, dann erst handeln. Legitime Notfälle dulden meist einen Anruf – Betrüger jedoch nicht.

Gefälschte SMS: Paketdienste und Banken als Falle

Neben Messenger-Nachrichten treten auch **kurze SMS** aufs Handy vermehrt als Betrugsmasche auf. Viele Menschen – auch Seniorinnen und Senioren – erhalten plötzlich eine SMS, die z. B. von DHL, der Post, FedEx oder einem anderen **Paketdienst** zu kommen scheint. Typische Inhalte solcher SMS sind zum Beispiel:

Beispiele für Paket-SMS: *„Ihr Paket konnte nicht zugestellt werden. Letzte Möglichkeit, es abzuholen: <Link>" – „Paket [123456789] wurde im Paketzentrum angehalten. Bitte Status prüfen: <Link>" – „Ihre Sendung steht noch aus. Bestätigen Sie Ihre Angaben hier: <Link>".*

Man erkennt, dass all diese Nachrichten einen **Link** enthalten, auf den man klicken soll. Die Texte setzen den Empfänger unter Druck, indem sie suggerieren, ein Paket sei in Gefahr zurückgeschickt zu werden oder könne nicht geliefert werden, wenn man nicht **sofort handelt**. Gerade wenn man tatsächlich ein Paket erwartet, fällt man leicht darauf herein – aus Angst, eine wichtige Lieferung zu verpassen.

Hinter solchen **gefälschten Paket-SMS** stecken jedoch Kriminelle. **Verbraucherschützer warnen** ausdrücklich vor SMS, in denen angebliche Paketdienste einen Link schicken. Folgt man dem Link, drohen große Risiken: Oft versuchen die Betrüger, den Empfänger zur Installation einer App zu verleiten – angeblich eine Paketverfolgungs-App. In Wahrheit kann es sich dabei um **Schadsoftware** handeln, die das Smartphone infiziert. Solche Schadprogramme können persönliche Daten auslesen oder das Telefon missbrauchen, um automatisch teure Premium-SMS zu verschicken. In anderen Fällen führt der Link auf eine gefälschte Website, wo man z. B. Zollgebühren oder Versandkosten bezahlen soll. Gibt man dort gutgläubig seine **Kreditkartennummer** oder Online-Banking-Daten ein, landen diese direkt bei den Kriminellen. Es gab beispielsweise Wellen solcher SMS, bei denen Trojaner namens **„FluBot"** und **„TeaBot"** auf Android-Telefone eingeschleust wurden. Diese Schädlinge spähten Daten aus und verschickten in Ihrem Namen weitere Betrugs-SMS an alle gespeicherten Kontakte. Die erste große Angriffswelle dieser Art wurde im Jahr 2021 registriert – seitdem hört das Problem nicht auf. Immer neue Varianten tauchen auf: Mal soll man angeblich **Zollgebühren** vorab bezahlen, mal fehlen „noch Informationen für die Zustellung". All das sind Vorwände, um Sie zum Klicken zu bewegen.

Nicht nur Paketdienste, auch Banken oder andere Behörden werden in **Fake-SMS** oft imitiert. So kursieren etwa SMS, die von Banken wie Sparkasse oder Volksbank zu stammen scheinen. Darin steht z. B.: *„Wichtige Mitteilung: Ihr Bank-Konto wurde eingeschränkt. Bitte folgen Sie dem Link, um Ihr Konto zu verifizieren..."* – Solche

Nachrichten zielen darauf ab, den Empfänger in Panik zu versetzen. Auch **vorgetäuschte Behörden-SMS** gibt es: zum Beispiel angebliche Mitteilungen vom Finanzamt oder sogar Drohungen eines Inkasso-Büros bzw. Gerichtsvollziehers, man habe unbezahlte Rechnungen. In einer bekannten Betrugs-SMS wurde behauptet, ein Gerichtsvollzieher werde bald Hausrat pfänden, wenn man nicht umgehend einen offenen Betrag begleicht. Ein Link soll dann ermöglichen, direkt zu zahlen – doch dieser führt zu Betrügern. In einer anderen Variante wird eine Telefonnummer angegeben, die man *sofort* anrufen solle, um eine angebliche Pfändung abzuwenden. Wer anruft, landet direkt bei den Kriminellen, die dann versuchen, noch mehr persönliche Daten oder eine Zahlung zu erlangen.

Diese Form des SMS-Betrugs wird übrigens als "**Smishing**" bezeichnet – ein Kunstwort aus SMS und Phishing. Letztlich handelt es sich um Phishing per Kurzmitteilung. Die **psychologischen Tricks** dahinter ähneln denen bei den WhatsApp-Betrügereien: Es wird mit Angst und Zeitdruck gearbeitet. Beim Paket-Szenario fürchten die Leute, eine Sendung zu verpassen oder Gebühren aufgebrummt zu bekommen. Bei den Bank- oder Behörden-SMS wird mit noch größerer Angst gespielt: der Sorge vor Geldverlust,

Kontosperrung, rechtlichen Konsequenzen oder Bestrafung. **Drohungen** wie „Ihr Konto wird gesperrt" oder „Ein Gerichtsbeschluss liegt vor" sind bewusst drastisch formuliert, um Sie sofort zum Handeln zu treiben, ohne die Echtheit zu prüfen. Oft wirken die Nachrichten auch offiziell, enthalten vielleicht eine vermeintliche Kundennummer oder einen formellen Ton – all das, um Vertrauen zu erwecken.

Wie erkennt man gefälschte SMS? Meist kommen diese Nachrichten von **unbekannten Handy-Nummern** oder verdächtigen Kurznummern, nicht von der offiziellen Nummer der Firma. Zum Beispiel verwenden echte Paketdienste selten normale Handynummern für SMS, sondern spezielle Kennungen. Außerdem sind in solchen Betrugs-SMS häufig **Rechtschreibfehler oder merkwürdige Formulierungen** zu finden – etwa Umlaute als ae/oe geschrieben („Zurueckgesendet"), oder generische Anreden wie „Hallo," ohne Namen. Ein klarer Hinweis ist natürlich der **Link**: Dieser führt fast nie auf die echte Domain (Webadresse) des Unternehmens, sondern auf eine unbekannte Adresse. Oft ist es ein **verkürzter Link** oder enthält seltsame Buchstabenkombinationen (z. B. http://xy123.online/...). Seriöse Firmen versenden solche Links selten ohne vorherige Anmeldung

zum Service. Im Zweifel gilt: Wenn Sie gar nichts
bestellt haben oder keine Kundenbeziehung zu der
angeblichen Absenderfirma haben (etwa Bank, bei
der Sie gar kein Konto besitzen), dann ist die
Nachricht sicher gefälscht. Aber selbst wenn Sie
zufällig Kunde dort sind oder ein Paket erwarten –
seien Sie wachsam und prüfen Sie genauer.

Wie schützen Sie sich vor **Smishing-SMS**?
Grundsätzlich sollten Sie **nie auf einen Link
tippen, der Ihnen unvermittelt per SMS
zugeschickt wird**, insbesondere wenn Sie den
Absender nicht eindeutig verifizieren können.
Löschen Sie solche Nachrichten am besten
ungelesen, sobald Sie den Verdacht haben.
Antworten Sie nicht darauf und rufen Sie keine in
der SMS genannte Telefonnummer an. Wenn Sie
doch neugierig getippt haben, brechen Sie sofort
ab, sobald irgendetwas Ungewöhnliches passiert –
etwa die Aufforderung, eine App zu installieren.
Installieren Sie keine Apps über Links in SMS!
Apps sollten nur aus den offiziellen App-Stores
geladen werden. Geben Sie auf einer solchen Seite
**keinesfalls persönliche Daten oder Passwörter
ein**. Eine Bank oder Behörde wird wichtige
Informationen **niemals per einfacher SMS mit
einem Link** von Ihnen abfragen. Im Zweifel
nehmen Sie direkten Kontakt mit dem
vermeintlichen Absender auf: Suchen Sie selbst die

offizielle Telefonnummer der Bank/Post heraus
und fragen Sie nach, ob eine solche Nachricht echt
ist (in aller Regel wird man Ihnen dort sagen, dass
es **Betrug** ist).

Sollten Sie doch auf einen bösen Link geklickt und
vielleicht Daten eingegeben haben, ist noch nichts
verloren: **Ändern Sie umgehend Ihre
Zugangsdaten** (z. B. zum Online-Banking) und
informieren Sie die betreffende Bank, damit sie Ihr
Konto beobachten kann. Im Falle einer installierten
Schad-App sollten Sie das Handy besser von
einem Fachmann überprüfen oder zurücksetzen
lassen, um den Schädling loszuwerden. Scheuen
Sie sich nicht, auch hier die **Polizei oder
Verbraucherschützer** zu informieren. Die
Verbraucherzentrale NRW z. B. hat eine Adresse
(phishing@verbraucherzentrale.nrw), an die man
verdächtige SMS weiterleiten kann, um andere zu
warnen.

Merksatz: Klicken Sie **nie leichtfertig** auf Links
in unerwarteten SMS – *egal* ob sie von
Paketdiensten, Banken oder unbekannten
Absendern kommen. Im Zweifel **selbst bei der
offiziellen Stelle nachfragen**, statt auf die SMS zu
vertrauen.

Betrügerische E-Mails (Phishing)

Nicht nur per WhatsApp oder SMS, auch per E-Mail versuchen Betrüger, an Ihr Geld und Ihre Daten zu gelangen. Der Begriff **Phishing** bezeichnet Betrugsversuche, bei denen man über gefälschte E-Mails oder Websites sensible Informationen „angelt" (vom englischen *fishing*) – zum Beispiel Passwörter, Bankdaten oder Kreditkartennummern. Phishing-E-Mails können ganz unterschiedlich aussehen. Manche geben sich als **Ihre Bank oder Kreditkartenfirma** aus, andere als **Online-Shop, Versandunternehmen** oder sogar als **Bekannte und Verwandte**. Gemeinsam ist: Sie enthalten entweder **gefälschte Links** zu nachgemachten Webseiten oder schädliche **Dateianhänge**, oder sie fordern direkt zur Überweisung von Geld auf. Das Ziel der Betrüger ist es, Ihr Vertrauen zu gewinnen und Sie dann zu Handlungen zu verleiten, die Ihnen schaden – sei es die Preisgabe von Zugangsdaten, die Installation von Schadsoftware oder das Senden von Geld.

Schauen wir uns zunächst **ein Beispiel** an. Stellen Sie sich vor, Sie bekommen eine E-Mail von Ihrer Bank mit dem Betreff: „Wichtige Mitteilung – Aktualisierung Ihres Online-Bankings erforderlich". Im Text steht vielleicht: *„Sehr geehrte Damen und Herren, aufgrund neuer Sicherheitsbestimmungen ist es notwendig, dass*

Sie Ihr Online-Banking aktualisieren. Bitte loggen Sie sich unter folgendem Link ein, um die Aktualisierung durchzuführen." Unten sind sogar Logo und Impressum der Bank eingefügt, es wirkt täuschend echt. Tatsächlich aber führt der Link auf eine **gefälschte Webseite**, die genauso aussieht wie die Bankseite. Gibt man dort seine Zugangsdaten ein, landen diese direkt bei den Betrügern. Oft folgt dann unmittelbar der Missbrauch: Die Kriminellen räumen das Konto ab oder kaufen unter Ihrem Namen ein.

Andere Phishing-Mails setzen auf **Drohungen und Schockmomente**: Zum Beispiel wird behauptet, Ihr Konto werde gesperrt oder Ihr Computer sei von Viren befallen, falls Sie nicht sofort auf den Link klicken. Wieder andere locken mit **Gewinnspielen oder Erbschaften** („Sie haben gewonnen!" oder „Ein entfernter Verwandter hat Ihnen Geld hinterlassen…"), verlangen aber vorab eine Zahlung oder persönliche Daten – auch das ist Betrug. Eine weitere Masche ist der **Hilferuf per E-Mail**: Hier gibt jemand vor, ein Freund oder Verwandter zu sein, der im Ausland in Not geraten ist (z. B. bestohlen wurde) und dringend Geld benötigt. Oft sind solche Mails relativ persönlich gehalten und mit Informationen gespickt, die tatsächlich aus Ihrem Umfeld stammen könnten – die Täter sammeln zuvor Daten aus sozialen

Netzwerken, um die Geschichte glaubwürdiger zu machen.

Wie kann man nun **Phishing-E-Mails erkennen**? Es gibt eine Reihe typischer Anzeichen, die oft (wenn auch nicht immer) auf Betrug hindeuten:

- **Unpersönliche Anrede:** Die E-Mail beginnt z. B. mit „Sehr geehrte Damen und Herren" oder enthält gar keinen Namen, obwohl das Unternehmen Sie eigentlich persönlich kennen müsste.

- **Sprachliche Fehler:** Häufig finden sich Rechtschreibfehler, seltsamer Satzbau oder ein unnatürliches Deutsch. Viele Phishing-Mails sind maschinell übersetzt oder schlampig formuliert.

- **Drohungen und Eile:** Die Nachricht setzt Sie unter Druck, etwas sofort zu tun. Beispielsweise wird mit Kontosperrung, Mahngebühren oder anderen Konsequenzen gedroht, wenn Sie nicht „innerhalb von 24 Stunden" reagieren. Diese künstliche Dringlichkeit soll Sie daran hindern, ruhig zu überlegen oder nachzufragen.

- **Forderung nach persönlichen Daten:**
  Ein legitimes Unternehmen fragt **nie per
  E-Mail** nach Passwörtern, PINs, TANs
  oder ähnlichen vertraulichen Daten. Auch
  Aufforderungen, vertrauliche Dokumente
  oder Ausweiskopien zu mailen, sind höchst
  verdächtig.

- **Links oder Anhänge:** Die Mail enthält
  einen Button oder Link, auf den Sie
  klicken sollen, oder einen Anhang (z. B.
  PDF, Word-Datei, ZIP-Archiv), den Sie
  öffnen sollen. Dies ist ein Hauptweg, wie
  Schadsoftware auf den Rechner gelangt.
  Seien Sie besonders misstrauisch bei
  ungefragten Anhängen – öffnen Sie nie
  Dateien von Absendern, die Ihnen nicht
  ganz geheuer sind.

- **Ungewöhnlicher Absender:** Schauen Sie
  in der Absenderzeile der E-Mail nach.
  Steht dort wirklich die offizielle E-Mail-
  Adresse des Unternehmens oder etwas
  Ähnliches? Phishing-Mails verwenden oft
  abgewandelte Absenderadressen, z. B.
  kundendienst@sporkasse.de statt
  sparkasse.de. Auch E-Mails von Firmen,
  mit denen Sie gar keine Beziehung haben,
  sind verdächtig (z. B. eine Bank, bei der

Sie gar kein Kunde sind, oder ein Gewinnspiel, an dem Sie nie teilgenommen haben).

Beachten Sie, dass nicht jede echte Mail alle Merkmale wie perfekte Sprache oder persönliche Anrede hat – aber je mehr der obigen **Warnsignale** zusammenkommen, desto wahrscheinlicher ist es Phishing. Die Betrüger werden zudem immer professioneller; manche Phishing-Mails sind praktisch fehlerfrei und optisch perfekt nachgemacht. So etwas kann *jeden* täuschen. Daher ist die wichtigste Schutzmaßnahme: **Seien Sie im Zweifel lieber einmal zu misstrauisch als einmal zu gutgläubig.**

Wie schützt man sich vor Phishing? Zunächst gilt: **Klicken Sie nicht direkt auf Links in verdächtigen E-Mails.** Wenn eine Mail angeblich von Ihrer Bank kommt und Sie unsicher sind, öffnen Sie **nicht** den Link in der Mail. Gehen Sie stattdessen manuell auf die bekannte Webseite Ihrer Bank (z. B. tippen Sie selbst „www.IhreBank.de" in den Browser ein) oder rufen Sie bei der Bank an. So können Sie überprüfen, ob es wirklich ein Problem gibt. In praktisch allen Fällen stellt sich heraus: Die E-Mail war ein Betrugsversuch, denn die echte Bank hat *nichts* dergleichen verschickt. Banken,

Versicherungen oder Behörden würden Sie **niemals unaufgefordert per E-Mail** auffordern, irgendwo Ihre Zugangsdaten einzugeben oder zu ändern. Solche wichtigen Mitteilungen kämen per Briefpost oder man würde Sie bitten, selbst in Ihrem bekannten Online-Konto aktiv zu werden, ohne direkten Link in der E-Mail.

Öffnen Sie **keine Dateianhänge** von unbekannten Absendern. Eine häufige Masche sind gefälschte Rechnungen oder Mahnungen im Dateianhang. Wenn Sie nichts bestellt haben oder die Mail Ihnen komisch vorkommt, löschen Sie sie am besten ungelesen. Sollten Sie versehentlich doch einen Anhang geöffnet haben und bemerken, dass etwas nicht stimmt (z. B. das Dokument lässt sich nicht öffnen, oder das Antivirus-Programm schlägt Alarm), **trennen Sie den Computer vom Internet** und lassen Sie ihn von einer Fachperson überprüfen.

Ein weiterer Tipp: **Prüfen Sie die Absenderadresse** der E-Mail ganz genau. Oft erkennt man Fälschungen daran, dass der Name zwar stimmt, aber die eigentliche Adresse im Hintergrund eine andere ist. Zum Beispiel kann im Mail-Programm als Name „Telekom Deutschland" stehen, aber daneben steht eine fremde E-Mail-Adresse, die nichts mit der Telekom zu tun hat.

Lernen Sie ruhig, wie man E-Mail-Header anschaut, oder holen Sie sich Hilfe von jemandem, der sich damit auskennt – dort sieht man die tatsächliche Absenderadresse. Im Zweifel können Sie auch hier die E-Mail an die Verbraucherzentrale (phishing@verbraucherzentrale.nrw) weiterleiten, die einen **Phishing-Radar** betreibt und aktuelle Warnungen veröffentlicht.

Falls Sie auf eine Phishing-Mail hereingefallen sind – also einen Link angeklickt und Daten eingegeben haben – **bewahren Sie die E-Mail unbedingt auf** (nicht löschen!). Informieren Sie sofort die betreffenden Stellen: Bei Bankdaten beispielsweise Ihre Bank, um Konten zu sperren. Ändern Sie alle verratenen Passwörter umgehend. Lassen Sie gegebenenfalls Ihren Computer auf Viren prüfen. Und **erstatten Sie Anzeige bei der Polizei**. Auch wenn es unangenehm ist, sind die Behörden dankbar für Hinweise, um die Täter zu verfolgen. Denken Sie daran: Es kann wirklich jedem passieren, Opfer von Phishing zu werden. Sie müssen sich nicht schämen – die Kriminellen gestalten diese Betrügereien äußerst überzeugend.

Merksatz: Keine seriöse Bank, Behörde oder Firma wird Sie je per E-Mail dazu auffordern, vertrauliche Zugangsdaten preiszugeben oder sofort Zahlungen auszuführen. Im Zweifel **telefonisch rückversichern** oder die offizielle Webseite nutzen, statt einem unbekannten Link zu trauen.

Abschließende Tipps: Wachsam bleiben, Betrug verhindern

Auch ohne tiefes Technikverständnis können Sie sich erfolgreich gegen digitale Betrugsmaschen wehren. Das Wichtigste ist eine **gesunde Skepsis** bei unerwarteten Nachrichten. Egal ob WhatsApp, SMS oder E-Mail – sobald jemand **Geld** oder **Daten** von Ihnen will und dabei Druck macht, sollten **Alarmglocken** läuten. Nehmen Sie sich immer die Zeit, die Sache zu prüfen. **Lassen Sie sich nicht hetzen oder einschüchtern.** Betrüger versuchen meist, Sie in Panik zu versetzen, denn dann handeln Menschen weniger überlegt.

Sprechen Sie im Zweifel mit Vertrauenspersonen: Familienmitgliedern, Freunden oder Beratungsstellen. Gemeinsam enttarnt man Betrugsversuche oft leichter. Nutzen Sie auch die Informationen von Polizei und Verbraucherzentralen – diese warnen regelmäßig vor aktuellen Maschen (im Internet oder auch über Medien).

Wenn Sie verdächtige Nachrichten erhalten, können Sie sie **melden**: z. B. bei der Polizei (viele Bundesländer bieten mittlerweile Online-Wachen an) oder wie erwähnt an die Verbraucherzentrale. Dadurch helfen Sie, andere Menschen zu schützen.

Abschließend: Vertrauen Sie Ihrem **Bauchgefühl**. Wenn irgendetwas an einer Nachricht „komisch" erscheint – sei es die Art der Bitte, die Sprache oder der Absender –, ist Vorsicht angebracht. Im Zweifel lieber einmal mehr nachfragen als einmal zu viel vertrauen. So bleiben Sie Herr der Lage und können Ihr digitales Leben genießen, ohne Betrügern auf den Leim zu gehen.

Merksatz: *Ruhe bewahren, gesundes Misstrauen bewahren!* – Dann haben Betrüger kaum eine Chance, Sie hereinzulegen. Bleiben Sie wachsam und informieren Sie sich, dann sind Sie bestens gewappnet.

Kapitel 6: Weitere digitale Betrugsmaschen

Neben bekannten Betrugsmaschen wie dem *WhatsApp-Trick* (auch digitaler Enkeltrick genannt) und klassischen Phishing-E-Mails gibt es eine Reihe weiterer Methoden, mit denen Kriminelle online versuchen, vor allem Seniorinnen und Senioren hinters Licht zu führen. Diese Betrügereien nutzen oft raffinierte psychologische Tricks – sie spielen mit Ängsten, Hoffnungen, Gutgläubigkeit oder Hilfsbereitschaft. In diesem Kapitel werden einige dieser verbreiteten digitalen Betrugsmaschen vorgestellt. Sie erfahren, wie die Täter vorgehen, welche psychologischen Methoden sie einsetzen, woran Sie Warnsignale erkennen und wie Sie sich wirksam davor schützen können. **Merksatz:** Behalten Sie bei allen unerwarteten Angeboten oder Kontaktaufnahmen im Internet stets eine gesunde Skepsis – im Zweifel lieber einmal mehr nachfragen, bevor Sie etwas tun.

Gefälschte Online-Shops

Online einzukaufen ist bequem und mittlerweile für viele Menschen alltäglich. Doch Vorsicht: Hinter manch verlockendem Online-Angebot versteckt sich ein *Fake-Shop*, also ein gefälschter Online-Shop. Die Betreiber solcher Seiten kopieren oft das Aussehen bekannter Shops oder präsentieren ein professionelles Design mit echten Produktbildern und scheinbar vollständigen Informationen. Alles wirkt seriös, sodass Käufer*innen kaum an der Echtheit zweifeln. Die Betrüger gewinnen auf diese Weise das Vertrauen der Kundschaft – und verleiten sie mit *Lockangeboten* zum Kauf. Ein häufig eingesetzter Köder ist ein **auffallend günstiger Preis** für begehrte Produkte. Wenn ein Online-Shop Produkte viel billiger anbietet als alle anderen, sollten sofort die Alarmglocken schrillen. **Psychologische Masche:** Hier wird die Schnäppchenjagd-Gier angesprochen – wer möchte nicht gern ein vermeintliches Top-Angebot ergattern? – und zugleich Vertrauen erschlichen, indem alles echt und professionell aussieht.

Typisch für Fake-Shops ist, dass die Ware entweder gar nicht erst geliefert wird oder in minderwertiger Qualität ankommt, nachdem die Kundschaft in Vorleistung gegangen ist. Oft bestehen solche Betrüger-Shops nämlich darauf, dass man **per Vorkasse** zahlt, z.B. durch Überweisung, obwohl ursprünglich vielleicht mehrere Zahlungsmethoden angezeigt wurden. Spätestens beim Bezahlen wird dann nur noch Überweisung akzeptiert – ein großes Warnsignal, denn eigentlich sollte es umgekehrt sein: erst die Ware, dann das Geld. Haben Sie also keine

Möglichkeit, auf Rechnung, per Lastschrift, Nachnahme oder mit einem Käuferschutz (z.B. PayPal mit Käuferschutz) zu bezahlen, ist Misstrauen angebracht.

Warnsignale bei Online-Shops: Achten Sie auf die Internetadresse (URL) des Shops. Betrüger verwenden manchmal Adressen, die einer bekannten Shop-Adresse ähneln, aber zusätzliche Wörter oder Buchstaben enthalten (z.B. statt beispielshop.de etwas wie beispielshop.de.com). Auch passt die Webadresse gelegentlich gar nicht zum angebotenen Sortiment – etwa wenn in einer URL mit Pflanzenname plötzlich Elektronik verkauft wird. Ein weiteres Alarmsignal sind fehlende oder fehlerhafte **Impressumsangaben**. In Deutschland und vielen Ländern muss jede seriöse Webseite ein Impressum mit der vollständigen Anbieteranschrift, Kontaktmöglichkeiten und verantwortlichen Personen haben. Fehlt das Impressum völlig oder enthält es unvollständige/falsche Angaben, sollten Sie den Kauf abbrechen. Oft kopieren Fakeshops irgendwelche Texte für AGB und Impressum, die dann z.B. seltsame Firmennamen oder Übersetzungsfehler enthalten – auch das deutet auf Betrug hin. Ebenso sind *erfundene Gütesiegel* oder Logos echter Zertifikate, die aber nicht klickbar sind (kein gültiges Zertifikat hinterlegt), ein

Hinweis. Und wenn ein Shop fast nur überschwänglich positive Kundenbewertungen auf der eigenen Seite zeigt, lohnt ein Blick auf externe Bewertungsportale: Findet man dort Warnungen vor dem Shop, ist klar, dass etwas nicht stimmt.

Schutzmöglichkeiten: Wenn Ihnen ein Online-Shop suspekt vorkommt, brechen Sie den Kauf lieber ab. Prüfen Sie die Shop-URL z.B. mit dem *Fakeshop-Finder* der Verbraucherzentrale oder suchen Sie online nach Erfahrungen anderer Käufer mit diesem Shop. Zahlen Sie **nie vorab per Überweisung**, wenn Sie dem Anbieter nicht völlig vertrauen – schon gar nicht, wenn es um hohe Beträge geht. Nutzen Sie lieber sichere Zahlungsmethoden mit Käuferschutz. **Tipp:** Ein seriöser Online-Händler wird nichts dagegen haben, wenn Sie auf Nummer sicher gehen – zum Beispiel per Rechnung zahlen oder zumindest per Kreditkarte/PayPal, wo Sie im Notfall das Geld zurückholen können. Und im Zweifel gilt: **Lieber verzichten Sie auf ein *Super-Schnäppchen*, als dass Sie am Ende Geld überweisen und keine Ware erhalten.**

Betrug in sozialen Netzwerken

Soziale Netzwerke wie Facebook, Instagram oder auch spezielle Senior*innen-Plattformen sind für viele ältere Menschen eine willkommene

Möglichkeit, mit Familie und Freunden in Kontakt zu bleiben. Doch leider sind auch dort Betrüger aktiv, die mit verschiedensten Maschen versuchen, an Geld oder persönliche Daten zu gelangen. Im Folgenden einige häufige Betrugsarten in sozialen Netzwerken und wie Sie sich schützen können.

Fake-Gewinnspiele und Verlosungen

„Herzlichen Glückwunsch, Sie haben gewonnen!" – Solche Nachrichten sieht man auf Facebook & Co. immer wieder. Oft locken angebliche Gewinnspiele mit hohen Geldgewinnen, teuren Handys oder Einkaufsgutscheinen im Wert von mehreren hundert Euro. Dahinter stecken in den meisten Fällen **keine echten Gewinnspiele**, sondern Datensammler oder Abzocker. Die Betrüger legen Fake-Profile oder Seiten an, die vorgeben, zu bekannten Firmen zu gehören (inklusive Firmenlogo und Name), haben mit diesen Firmen aber nichts zu tun. Sie posten etwa: „Ikea verlost 500€ Einkaufsgutscheine – like, teile und kommentiere jetzt!" Viele Menschen werden durch solche Verlockungen neugierig oder gierig und machen mit, ohne zu ahnen, dass es gar keinen echten Gewinn gibt. **Psychologische Methode:** Die Aussicht auf einen tollen Gewinn mit minimalem Aufwand erzeugt Aufregung und Hoffnung – genau das nutzen die Betrüger aus.

Gleichzeitig setzen sie auf Zeitdruck („nur heute gültig") oder soziale Bestätigung („tausende machen mit"), um das Bauchgefühl auszuschalten.

Warnsignale: Fake-Gewinnspiel-Seiten erkennt man oft daran, dass sie erst kurz existieren, nur wenige Beiträge haben und kein offizielles *blaues Häkchen* (Verifizierung) besitzen. Häufig fehlen ein Impressum und Teilnahmebedingungen – was seriöse Gewinnspiele aber immer haben. Stattdessen fordern die Beiträge dazu auf, den Beitrag zu liken, zu teilen und Freunde zu markieren. Das dient den Betrügern dazu, ihre Falle viral zu verbreiten. Manchmal wird man aufgefordert, auf einen Link zu klicken, der dann auf eine externe Seite führt, wo persönliche Daten abgefragt werden (Adresse, Telefonnummer, Bankverbindung) – angeblich um den Gewinn zu bestätigen. Geben Sie dort nichts ein! Es kann auch passieren, dass man eine *Gewinnbenachrichtigung* per Direktnachricht erhält und dann zur Zahlung einer „Bearbeitungsgebühr" aufgefordert wird, um den Preis zu erhalten – ein sicheres Zeichen für Betrug, denn echte Gewinne kosten nichts.

Schutz: Gehen Sie in sozialen Netzwerken mit Gewinnspielen äußerst vorsichtig um. Im Zweifel überprüfen Sie auf der offiziellen Webseite der genannten Firma, ob es dieses Gewinnspiel wirklich gibt. Klicken Sie keine dubiosen Links an, die von unbekannten Facebook-Seiten kommen. **Merksatz:** Seriöse Unternehmen verschenken selten ohne Anlass teure Preise im Internet – und falls doch, werden sie niemals erst Geld oder umfangreiche Daten von Ihnen verlangen. Geben Sie Ihre persönlichen Daten also nie leichtfertig für ein Online-Gewinnspiel preis und schon gar kein Geld.

Dubiose Freundschaftsanfragen

Vielleicht haben Sie das schon erlebt: Eine fremde Person schickt Ihnen auf Facebook oder einem anderen Netzwerk eine Freundschaftsanfrage. Auf dem Profilbild lächelt eine sympathische, vielleicht deutlich jüngere Person. Sie haben keine gemeinsamen Bekannten – warum also die Anfrage? Solche *dubiosen Freundschaftsanfragen* können der Startpunkt für Betrügereien sein. Hinter dem Profil steckt eventuell gar nicht die Person vom Bild, sondern ein Krimineller mit falschem Konto. **Vorgehensweise:** Nehmen Sie die Anfrage an, wird meist bald per privater Nachricht Kontakt aufgenommen. Oft schmeicheln diese Fremden einem („Dein Profil ist mir aufgefallen, du wirkst so nett und interessant...") oder erfinden einen Vorwand, um ins Gespräch zu kommen. Ziel ist, Ihr Vertrauen zu gewinnen. Hat der Betrüger

Sie einmal in der Freundesliste, kann er möglicherweise auch Informationen einsehen, die Sie nur mit Freunden teilen – etwa Fotos, Beziehungsstatus, Hobbys – und diese später gegen Sie verwenden oder weiteres Vertrauen erschleichen.

Psychologischer Trick: Hier wird Ihre **Hilfsbereitschaft oder Einsamkeit** ausgenutzt. Manche Betrüger geben sich z.B. als ehemalige Schulfreunde von früher aus oder als Bekannte eines Ihrer Verwandten, um einen Vorwand für die Anfrage zu haben. Andere nutzen attraktive Fake-Profile, um vorzugeben, an Ihnen romantisch interessiert zu sein (siehe *Liebesbetrug* weiter unten). Gerade alleinstehende Seniorinnen und Senioren werden so angesprochen. Die Betrüger setzen darauf, dass Sie aus Höflichkeit oder Neugier die Anfrage annehmen und sich geschmeichelt fühlen, wenn ein Fremder Interesse zeigt.

Warnsignale: Prüfen Sie unbekannte Profile kritisch. Ist das Profil sehr neu oder auffallend spärlich gefüllt (kaum Freunde, wenige Beiträge)? Wirkt das Profilfoto zu perfekt, wie ein Modellfoto? Stimmen die Angaben in der Biografie, oder sind sie widersprüchlich? Häufig verwenden Betrüger gestohlene Fotos – manchmal erkennt man diese, indem man das Bild bei einer Google-Bildersuche hochlädt (für Fortgeschrittene). Ein großes Warnzeichen ist, wenn die Person sehr schnell persönlich wird, vielleicht schon nach kurzer Zeit um Ihre private E-Mail oder Telefonnummer bittet, oder Links schickt, die Sie anklicken sollen. Seien Sie hier sehr skeptisch.

Schutz: Als Grundregel gilt: **Akzeptieren Sie in sozialen Netzwerken nur Freundschaftsanfragen von Personen, die Sie tatsächlich kennen oder bei denen Sie sicher sind, wer dahinter steckt.** Im Zweifel fragen Sie bei gemeinsamen Bekannten nach, ob die Person echt ist. Geben Sie Fremden online niemals vertrauliche Informationen über sich preis – weder Adresse noch finanzielle Daten oder Details, die Sie nicht öffentlich machen würden. Wenn eine neue Online-Bekanntschaft plötzlich finanzielle Wünsche äußert oder Sie in irgendeiner Form in ein Geschäft verwickeln will, brechen Sie den Kontakt ab. Sie können verdächtige Profile auch dem Netzwerk melden und die Verbindung lösen. **Tipp:** Viele Betrüger probieren es massenhaft – eine abgelehnte oder ignorierte Freundschaftsanfrage ist daher kein Verlust. Bleiben Sie lieber vorsichtig, auch wenn das bedeutet, nicht jeden nett wirkenden Menschen online zu bestätigen.

Falsche Spendenaufrufe

Gerade auf Facebook oder WhatsApp teilen viele Menschen Spendenaufrufe, zum Beispiel für kranke Kinder, für Opfer von Naturkatastrophen oder für Menschen in Not. Leider nutzen Betrüger die Hilfsbereitschaft gutherziger Menschen schamlos aus, indem sie **gefälschte Spendenaktionen** inszenieren. **Vorgehensweise:** Die Täter erstellen etwa eine Seite oder einen Beitrag, der aussieht, als käme er von einer bekannten Hilfsorganisation – oder sie erfinden gleich eine neue „Initiative". Mit herzzerreißenden Bildern und Texten appellieren sie an Ihr Mitgefühl und drängen zur schnellen Hilfe. Häufig wird auch ein aktuelles Unglück missbraucht: Kaum passiert irgendwo eine Katastrophe, tauchen schon erste Fake-Spendenaufrufe auf, lange bevor seriöse Organisationen aktiv werden. Das Geld der gutgläubigen Spender landet dann nicht bei Bedürftigen, sondern in den Taschen der Kriminellen.

Psychologische Methoden: Diese Betrugsmasche baut ganz auf Emotionen – Mitleid, Hilfsbereitschaft und oft auch ein gewisser sozialer Druck. Wer möchte schon untätig bleiben, wenn angeblich ein Kind dringend eine teure Operation braucht oder eine Familie nach einem Brand alles verloren hat? Die Betrüger schildern solche Geschichten sehr detailreich und drücken auf die Tränendrüse. Sie setzen die Leser auch unter **zeitlichen Druck** („brauchen dringend in den nächsten 24 Stunden XY Euro"), damit man nicht lange nachdenkt oder recherchiert.

Warnsignale: Fehlt bei einem Spendenaufruf eine klare Angabe, *wer* genau dahintersteht, sollte man misstrauisch sein. Seriöse Organisationen nennen ihren vollständigen Namen, haben ein Impressum und geben Update-Berichte zur Verwendung der Spenden. Bei dubiosen Aufrufen finden Sie oft stattdessen nur eine private Bankverbindung oder eine anonyme PayPal-Adresse. Manche Betrüger nutzen sogar den eigentlich seriösen Ruf von PayPal, um Vertrauen zu erzeugen, und verlinken direkt dorthin. Lassen Sie sich davon nicht täuschen! Ein frisch erstelltes Facebook-Profil, das plötzlich große Spenden sammelt, ohne jede Transparenz, ist höchst verdächtig. Ebenso, wenn bekannte Logos oder Namen verwendet werden, aber die Seite keine weiteren Informationen bietet. Sie können im Zweifel selbst nach der Organisation googeln – findet sich keine Website oder tauchen Warnungen vor Betrug auf, Finger weg. Häufig warnen Verbraucherzentralen oder

Polizeidienststellen zeitnah vor aktuellen Fake-Spendenaufrufen; solche Meldungen findet man mit einer schnellen Internetsuche.

Schutz: Spenden sind eine gute Sache – aber spenden Sie *mit Verstand*. **Tipp:** Überweisen Sie Geld für wohltätige Zwecke nur an bekannte, seriöse Organisationen oder an Personen, die Sie wirklich persönlich kennen. Im Zweifelsfall wenden Sie sich direkt an die offizielle Hilfsorganisation (z.B. über deren Website oder Telefon), um nachzufragen, ob der Spendenaufruf echt ist. Prüfen Sie das Impressum der Seite, die um Spenden bittet, und achten Sie auf Gütesiegel (wie das DZI-Spendensiegel in Deutschland). Wenn Sie unsicher sind, lassen Sie sich nicht von emotionalem Druck drängen. Es ist keine Schande, lieber nicht spontan online zu spenden, sondern sich erst zu informieren. **Merksatz:** Kriminelle missbrauchen leider immer wieder Notlagen und die Gefühle hilfsbereiter Menschen – schützen Sie sich, indem Sie bei Spendenaktionen online erst recherchieren und nur vertrauenswürdigen Aufrufen folgen.

Scareware und gefälschte Virenwarnungen

Ein plötzliches Fenster poppt auf Ihrem Bildschirm auf: „Achtung – Ihr Computer ist mit Viren infiziert!" Vielleicht blinkt es rot und ein Warnton ertönt. Panisch lesen Sie weiter: Sie sollen *dringend* auf einen Button klicken, um alle Bedrohungen zu entfernen, oder eine angegebene Telefonnummer anrufen, „bevor Ihr System zerstört wird". Solche Schock-Meldungen nennt man **Scareware**. Dabei handelt es sich um gefälschte Virenwarnungen, mit denen Betrüger Sie in Angst versetzen wollen. **Vorgehensweise:** Diese Pop-up-Fenster geben sich als System- oder Antivirusmeldung aus. Oft werden Logos bekannter Antiviren-Programme oder von Microsoft Windows nachgeahmt, um offiziell zu wirken. Die Meldungen behaupten z.B., es seien gefährliche Viren, Hackerangriffe oder sogar illegale Inhalte auf Ihrem Gerät gefunden worden. Teilweise wird ein gefälschter Scan angezeigt, inklusive Fortschrittsbalken und Dateiliste, um den Eindruck zu erwecken, Ihr Computer werde gerade geprüft. Natürlich ist das alles nur Show: In Wirklichkeit wurde nichts auf Ihrem Rechner gefunden – die Betrüger wissen ja gar nichts über Ihren Computer. Ziel der Scareware ist es, Sie dazu zu bringen, entweder eine **bestimmte Software herunterzuladen** (gegen Bezahlung), die angeblich das Problem löst, oder eine Nummer anzurufen, wo Ihnen dann teure „Hilfe" verkauft wird. In manchen Fällen verbirgt sich hinter dem angebotenen Download sogar richtige

Schadsoftware, die Ihren Rechner infiziert, sobald Sie sie installieren.

Psychologische Methoden: Wie der Name sagt, setzt Scareware voll auf *Angst und Panik*. Die Täter bauen extremen Druck auf: In großen Buchstaben, oft gepaart mit vielen Ausrufezeichen, wird sofortiges Handeln gefordert. Sie drohen mit schlimmen Folgen („Ihre Daten werden gelöscht!", „Ihr Zugang wird gesperrt!"), um Sie zu überrumpeln. Viele Menschen erschrecken bei solchen Warnungen so sehr, dass sie unüberlegt klicken – genau das wollen die Betrüger erreichen. Die Masche nutzt aus, dass wir natürlich keinen Virus auf dem Computer haben wollen und im Schreck vielleicht eher auf die falschen Knöpfe drücken.

Warnsignale: Eine echte Virenwarnung würde normalerweise von Ihrem installierten Virenschutzprogramm oder vom Betriebssystem selbst kommen – und nicht als zufälliges Web-Popup mitten beim Surfen. Wenn eine Meldung im Browser erscheint, die nicht von Ihrem eigenen Sicherheitstool stammt, ist Misstrauen angesagt. Vor allem, wenn Rechtschreibfehler darin sind oder sie auf Englisch auftaucht, obwohl Sie ein deutsches System haben, ist das suspekt. Typisch für Scareware-Popups ist ihr übertrieben dramatischer Auftritt: Logos, die nicht 100% authentisch sind, reißerische Warnungen, Timer oder blinkende Elemente. All das soll Sie hetzen. **Merksatz:** Seriöse Anbieter von Sicherheits-Software würden *nie* mit solchen Einschüchterungstaktiken arbeiten – je reißerischer und aufdringlicher eine Warnung erscheint, desto wahrscheinlicher handelt es sich um eine Fälschung. Ein weiterer Hinweis: Wird eine Telefonnummer angegeben, die Sie anrufen sollen, um Hilfe zu erhalten, können Sie fast sicher sein, dass es kein legitimer Alarm ist. Kein bekannter Softwarehersteller arbeitet mit solchen spontanen Hotline-Aufforderungen.

Schutz: Wenn so ein Fake-Popup auftritt, bewahren Sie Ruhe. *Nicht* auf den empfohlenen Link klicken und nicht die angegebene Nummer anrufen. Versuchen Sie stattdessen, das Fenster zu schließen. Wenn das nicht normal geht, beenden Sie notfalls den Browser (im Task-Manager oder durch Herunterfahren des PCs). Starten Sie den Rechner neu und führen Sie, falls Sie besorgt sind, einen Scan mit Ihrem echten Virenschutzprogramm durch. In aller Regel wird dieses nichts finden. Halten Sie Ihren Browser und Ihre Sicherheitssoftware immer aktuell, damit bekannte Scareware-Seiten ggf. blockiert werden. Und vor allem: Lassen Sie sich nicht einschüchtern. Selbst wenn die Meldung noch so echt aussieht – im Zweifelsfall holen Sie eine zweite Meinung ein, bevor Sie etwas installieren oder kaufen. Sie können beispielsweise eine vertraute Person fragen oder beim Computer-Fachmann nachhaken. Besser einmal zu viel gefragt, als in der Panik ein teures Abo für nutzlose Software abgeschlossen.

Falsche Microsoft-Anrufe (Technischer Support-Betrug)

Eine weitere fiese Masche zielt direkt auf PC-Nutzer ab: der sogenannte **Tech-Support-Betrug** durch falsche Microsoft-Mitarbeiter. Hierbei bekommen Sie einen *unverhofften Anruf.* Wenn das Telefon klingelt und jemand behauptet in gebrochenem Deutsch oder auf Englisch, er sei von Microsoft oder „Windows Technical Support", sollten Sie sofort hellhörig werden. In Wirklichkeit ruft Microsoft Sie niemals einfach so an – solche Anrufer sind Betrüger. **Vorgehensweise:** Die Person am Telefon erklärt meist, auf Ihrem Computer sei ein schwerwiegendes Problem festgestellt worden: Viren, Fehler, abgelaufene Lizenzen oder ähnliches. Freundlich bis fordernd bieten sie an, das Problem gleich per Fernwartung zu beheben. Dazu soll man ein bestimmtes Programm auf dem Rechner installieren oder eine Funktion starten, die dem Anrufer Zugriff auf den

PC gibt. Folgen Sie dieser Anleitung, kann der Betrüger nun Ihren Bildschirm sehen und Ihren Computer aus der Ferne steuern. Damit hat er alle Türen offen: Er könnte Schadsoftware installieren, Passwörter und Online-Banking-Daten ausspähen oder direkt Dateien verschlüsseln. Oft verlangen diese falschen Support-Mitarbeiter dann für ihre "Dienstleistung" Geld – zum Beispiel den Kauf einer teuren Software oder eine Gebühr für eine angebliche Lizenzverlängerung. Manche fordern sogar, dass man einen langfristigen Wartungsvertrag abschließt. Häufig kommt auch die Anweisung, sofort zu bezahlen, etwa per Kreditkarte oder sogar in Form von Geschenkgutscheinen (wie iTunes- oder Google Play-Karten), die Sie im Laden kaufen und den Code durchgeben sollen. Das sind gängige Methoden der Abzocke. Weigert man sich, werden die Betrüger mitunter unverschämt: Sie drohen, Ihren Computer zu sperren oder Ihre Daten zu löschen, um Sie gefügig zu machen. All das gehört zum perfiden Plan, Sie in Angst zu versetzen und abzuzocken.

Psychologische Methoden: Diese Betrugsmasche vereint mehrere Tricks. Zum einen spielen die Anrufer die **Expertenrolle** – sie geben sich als kompetente Fachleute eines großen Unternehmens aus, was bei vielen Respekt einflößt. Man vertraut eher jemandem, der behauptet, vom offiziellen Windows-Hersteller zu sein. Zum anderen schüren sie **Angst** um Ihren Computer („Virenbefall!", „Ihr PC könnte jeden Moment abstürzen!") und erzeugen **Druck**, jetzt sofort zu handeln. Teilweise wechseln sie auch zur **Einschüchterung**, wenn man zögert, und drohen mit schlimmen Konsequenzen. Diese Mischung aus vermeintlicher Autorität und Angstmache bringt viele Menschen – gerade die, die technisch nicht so versiert sind – dazu, gegen ihr Bauchgefühl mitzuspielen.

Warnsignale: Der vielleicht deutlichste Hinweis: Ein *unangekündigter Support-Anruf* von Microsoft oder einem ähnlichen Anbieter ist immer verdächtig. Microsoft meldet sich **nie** von selbst bei Endkunden, um Probleme am PC zu „melden" – schon gar nicht telefonisch. Auch andere große Firmen (Telekom, Apple etc.) tun das nicht ohne vorherige Kontaktaufnahme Ihrerseits. Wenn also jemand anruft und behauptet, Sie hätten ein PC-Problem, das Sie selbst noch gar nicht bemerkt haben, ist das praktisch sicher Betrug. Weitere Anzeichen: Die Nummer im Display ist unterdrückt oder sehr lang/ausländisch. Der Anrufer spricht oft mit Akzent oder in einer unüblichen Mischung aus Deutsch und Englisch. Er benutzt vielleicht Fachbegriffe, um Kompetenz vorzutäuschen, und führt Sie Schritt für Schritt am

Telefon durch unbekannte Computerprozesse. All das sollten Sie niemals mitmachen. Spätestens wenn Geld ins Spiel kommt – der angebliche Support will z.B. Ihre Kreditkartennummer für eine Zahlung – ist klar: Hier geht es nicht mit rechten Dingen zu. Auch Forderungen, Software zu installieren oder jemandem Zugriff zu geben, sind absolut tabu, wenn Sie die Person nicht selbst beauftragt haben.

Schutz: Die einzig richtige Reaktion auf solche Anrufe ist: **sofort auflegen**. Gehen Sie gar nicht erst ins Gespräch. Sie brauchen sich dabei nicht unhöflich zu fühlen – hier sind Kriminelle am Werk, die Ihre Höflichkeit ausnutzen. **Merksatz:** Seriöse Unternehmen wie Microsoft kontaktieren Sie *nie ohne Aufforderung* telefonisch, um Sie vor Viren zu warnen. Daher kann man solche Anrufe von vornherein als Betrugsversuch betrachten. Geben Sie **niemals** persönliche Daten oder Passwörter am Telefon heraus, egal wer anruft. Lassen Sie sich nie drängen, etwas sofort zu tun. Wenn Sie unsicher sind, beenden Sie das Telefonat und ziehen Sie eine Vertrauensperson oder Fachmann zu Rate. Sollten Sie versehentlich schon Software installiert oder Zugang gewährt haben, trennen Sie Ihren Rechner umgehend vom Internet und informieren Sie jemanden mit IT-Erfahrung. Im Ernstfall müssen Zugangsdaten geändert und der Rechner bereinigt werden. Scheuen Sie sich auch nicht, Anzeige bei der Polizei zu erstatten, falls Sie Opfer wurden – Sie sind nicht allein, denn diese Masche trifft leider viele.

Liebesbetrug (Romance Scamming)

Eine besonders heimtückische Betrugsart, die in den letzten Jahren zugenommen hat, ist der **Liebesbetrug**, oft auch *Romance-Scam* genannt. Dabei geben sich Betrüger in Partnerbörsen oder sozialen Netzwerken als potentielle neue Liebe aus – mit dem einzigen Ziel, Geld zu erbeuten. **Vorgehensweise:** Die Täter – es kann sich um Männer oder Frauen handeln – erstellen falsche Profile auf Dating-Seiten oder Facebook. Sie wählen Fotos von attraktiven Menschen, erfinden einen interessanten Lebenslauf (etwa erfolgreicher Geschäftsmann, Ingenieur, Ärztin, Soldat im Auslandseinsatz) und suchen gezielt nach einsamen Herzen, oft auch im etwas höheren Alter. Ist der Erstkontakt hergestellt, überschütten die Betrüger ihre Opfer mit Komplimenten, Liebesbekundungen und Aufmerksamkeit. Sie schreiben täglich, schicken vielleicht Blumen oder kleine Geschenke (die scheinbar von ihnen kommen, in Wahrheit oft aus Online-Shops bezahlt mit gestohlenen Karten) und bauen sehr schnell eine intensive emotionale Beziehung auf.

Psychologische Methode: Hier wird gezielt die *Sehnsucht nach Liebe und Gesellschaft* ausgenutzt. Viele ältere Alleinstehende fühlen sich geschmeichelt und glauben, endlich wieder jemandem etwas zu bedeuten. Die Betrüger sind äußerst geschickt darin, Vertrauen und Verliebtheit zu erzeugen – sie hören ihren Opfern zu, zeigen Mitgefühl, machen Komplimente. Oft geben sie vor, die gleichen Interessen oder Lebenserfahrungen zu teilen, um eine tiefe Verbindung vorzutäuschen.

Nach einiger Zeit – manchmal schon nach Tagen, manchmal erst nach Wochen – folgt dann der **eigentliche Betrug**. Irgendetwas Dramatisches passiert im Leben des neuen Online-Schatzes: Angeblich steckt er oder sie in einer finanziellen Notlage. Typische Geschichten sind: Das Gepäck wurde auf einer Reise gestohlen, und nun fehlt Geld für den Rückflug; oder die Person liegt im Krankenhaus und die Versicherung deckt eine teure Operation nicht; oder ein Geschäftsdeal ist geplatzt und nun drohen Schulden. Immer wird dringend Geld benötigt, und zwar soll ausgerechnet das Opfer helfen – weil „du bist der einzige Mensch, dem ich vertrauen kann" oder „ich habe niemand sonst". Der Ton der Nachrichten bleibt liebevoll, aber es schwingt Verzweiflung mit. Aus lauter Sorge und Zuneigung überweisen viele Betroffene tatsächlich Geld, oft hohe Summen. In anderen Fällen schicken die Betrüger auch angebliche Schecks, die das Opfer einlösen soll, oder bitten um Wertkarten-Codes. Sobald der erste Betrag gezahlt ist, folgt meist der nächste Akt: Entweder melden sich die Betrüger nie wieder *oder* sie finden neue Vorwände, um noch mehr Geld zu verlangen. Immer wieder werden die Opfer hingehalten – etwa mit dem Versprechen, der geliebte Mensch komme bald persönlich zu Besuch, man müsse nur noch diese eine Hürde finanziell aus dem Weg räumen. Die virtuelle Liebe wird natürlich niemals auftauchen.

Warnsignale: Online-Liebschaften, die *sehr schnell sehr intensiv* werden, sollten Sie grundsätzlich mit Vorsicht betrachten. Wenn jemand, den Sie nur aus dem Internet kennen, Ihnen nach kurzer Zeit seine „große Liebe" gesteht, ist Skepsis angebracht – reale Beziehungen entwickeln sich normalerweise langsamer. Weitere Alarmsignale: Ihr Chat-Partner weicht einem Video-Telefonat oder einem persönlichen Treffen immer wieder aus (angeblich Auslandseinsatz, Termindruck etc.). Die Geschichten klingen fast zu dramatisch, um wahr zu sein, und betreffen oft ferne Länder (z.B. wird gerne eine *Geschäftsreise nach Westafrika* als Schauplatz genannt, wie es bei vielen Romance-

Scams vorkommt). Die Sprache in den Chats kann ein Indiz sein: Häufig ist das Deutsch nicht ganz korrekt, weil automatische Übersetzer genutzt werden, oder die Person schreibt gleich auf Englisch. Auch haben solche Betrüger-Profile oft wenige Freunde oder seltsam aussehende Kommentare von anderen (da sie nicht wirklich mit Familie/Freunden vernetzt sind). Spätestens aber wenn **Geldforderungen** kommen, sollten *alle* Alarmglocken läuten. Egal wie tragisch die Umstände klingen – ob für ein Flugticket, eine Operation oder Zollgebühren – die Bitte um Geld von einem Online-Kontakt ist praktisch immer ein sicheres Zeichen für einen Betrug. Hier heißt es: Nicht zahlen und den Kontakt sofort abbrechen.

Schutz: Die wichtigste Regel beim Online-Dating und Kennenlernen: **Überweisen Sie niemals Geld an Personen, die Sie ausschließlich aus dem Internet kennen.** Teilen Sie auch keine Konto- oder Kreditkartendaten mit jemandem, den Sie noch nie persönlich getroffen haben. Seien Sie misstrauisch bei übertriebenen Liebesschwüren in kurzer Zeit. Sie dürfen ruhig Fragen stellen und auf Details achten – echte Personen haben nachprüfbare Geschichten, während Lügner sich oft in Widersprüche verstricken. Suchen Sie z.B. nach dem Namen oder den Fotos der Person online (es gibt Dienste, mit denen man Bilder rückwärts

suchen kann, um zu sehen, ob sie vielleicht aus
ganz anderem Zusammenhang gestohlen wurden).
Scheuen Sie sich auch nicht, mit Freunden oder
Familienmitgliedern über Ihre neue Online-
Bekanntschaft zu sprechen. Außenstehende
erkennen Warnsignale oft schneller. **Tipp:** Viele
Opfer von Romance-Scamming schämen sich im
Nachhinein – lassen Sie es gar nicht so weit
kommen. Betrüger in diesem Bereich sind äußerst
geschickt, es kann jede*n treffen. Wenn Sie den
geringsten Verdacht haben, brechen Sie den
Kontakt konsequent ab. Sie können den
Betrugsversuch der Plattform melden und
gegebenenfalls der Polizei. Erinnern Sie sich:
Wahre Liebe fragt nie nach Geld.

Kapitel 7: Sicher im Alltag – Schutz vor Betrug

Bedeutung von gesunder Skepsis

Im Alltag ist ein gesundes Maß an Misstrauen ein wirksamer Schutzschild gegen Betrügereien. Betrüger nutzen oft das Vertrauen und die Hilfsbereitschaft ihrer Opfer aus – insbesondere bei Seniorinnen und Senioren. Daher gilt: Seien Sie ruhig **skeptisch**, wenn Ihnen etwas ungewöhnlich vorkommt. Misstrauen ist **keine Unhöflichkeit**, sondern eine vernünftige Vorsichtsmaßnahme. **Merksatz:** Eine gesunde Portion Skepsis kann vor großem Schaden bewahren.

Wichtig ist, auf das eigene Bauchgefühl zu hören. Wenn Ihnen eine Situation seltsam vorkommt oder ein Angebot „zu gut, um wahr zu sein" erscheint, dürfen Sie getrost zweifeln. **Drängen Sie sich nicht, sofort zu reagieren**, sondern nehmen Sie sich Zeit. Betrüger setzen ihre Opfer häufig unter Zeitdruck, um kritisches Nachdenken zu verhindern. Machen Sie sich bewusst: Es ist **völlig in Ordnung, misstrauisch zu sein und „Nein" zu sagen**. Im Zweifel schadet es nie, eine Nachfrage mehr zu stellen oder eine zweite Meinung einzuholen, bevor man entscheidet.

Klare Absprachen in der Familie

Ein offener Austausch mit Ihrer Familie kann viel dazu beitragen, Betrugsversuche abzuwehren. Sprechen Sie mit Ihren Angehörigen über bekannte **Betrugsmaschen** wie den Enkeltrick oder falsche Polizeibeamte. Je besser alle Bescheid wissen, desto schneller fallen ungewöhnliche Forderungen auf. **Klare Absprachen** schaffen Sicherheit: Vereinbaren Sie zum Beispiel innerhalb der Familie ein **Codewort** für echte Notfälle. Dieses Codewort sollte etwas sein, das **nur Sie und Ihre Angehörigen kennen** – kein leicht zu erratendes Wort wie ein Geburtstdatum oder Haustiername, sondern etwas aus Ihrer gemeinsamen Vergangenheit oder ein frei erfundenes Wort. Wenn dann tatsächlich ein Verwandter in Not anruft, kann er dieses Codewort nennen. Meldet sich hingegen jemand und kennt das vereinbarte Wort nicht, wissen Sie sofort, dass etwas nicht stimmt.

Besprechen Sie auch, **wie Familienmitglieder sich am Telefon melden**. Betrüger rufen oft mit Sätzen wie „Rate mal, wer hier spricht?" an und hoffen, dass Sie den Namen eines Verwandten sagen. **Merksatz:** Nennen Sie niemals von sich aus Namen am Telefon, wenn Sie nicht sicher sind, wer anruft. Bitten Sie Ihre Angehörigen, sich immer mit **vollem Namen** vorzustellen, sobald Sie

abheben. So können Sie Verwechslungen
vermeiden und Betrügern das Spiel erschweren.
Haben Sie im Zweifel stets den Mut, **einen
Rückruf** unter der Ihnen bekannten Nummer des
Familienmitglieds zu machen, anstatt in der
Leitung zu bleiben. Echte Verwandte werden
Verständnis dafür haben, Betrüger hingegen geben
meist schnell auf.

Wachsam bei Telefonanrufen

Das Telefon ist ein beliebtes Werkzeug von
Betrügern. Ob Gewinnversprechen, falsche Enkel
oder angebliche Polizisten – am Telefon wird
versucht, Sie zu täuschen und unter Druck zu
setzen. Wichtig ist, **ruhig zu bleiben** und sich
nicht bedrängen zu lassen. **Lassen Sie sich nicht
unter Druck setzen – weder am Telefon noch an
der Haustür.** Betrüger nutzen häufig dramatische
Notlagen oder zeitkritische Geschichten, um Sie zu
schnellem Handeln zu drängen. Bleiben Sie
misstrauisch, wenn jemand am Telefon dringend
Geld oder persönliche Daten von Ihnen verlangt.

Geben Sie **niemals persönliche Informationen
am Telefon preis**, wenn Sie nicht absolut sicher
sind, wer auf der anderen Seite der Leitung ist. Ihre
Kontodaten, PIN-Nummern oder Passwörter
gehören nicht in fremde Hände. Banken, Behörden

oder seriöse Firmen werden **niemals am Telefon sensible Daten oder Geldüberweisungen verlangen** – schon gar nicht unter Androhung von Konsequenzen. Falls jemand am Telefon solche Forderungen stellt oder sich ungewöhnlich verhält, ist Vorsicht geboten. **Merksatz:** Kommt Ihnen ein Anruf verdächtig vor, legen Sie **sofort auf** – im Zweifel lieber einmal zu oft als einmal zu wenig. Sie dürfen jederzeit ohne Erklärung auflegen, wenn Ihnen etwas komisch vorkommt. Das ist kein unhöfliches Verhalten, sondern Selbstschutz. Die Polizei rät in solchen Fällen ausdrücklich dazu, einfach aufzulegen.

Ein praktischer Tipp: **Legen Sie sich einen Standardsatz zurecht**, um das Gespräch höflich, aber bestimmt zu beenden. Zum Beispiel: *„Entschuldigen Sie, ich bespreche so etwas grundsätzlich nicht am Telefon. Auf Wiederhören."* Sagen Sie diesen Satz und legen Sie direkt auf – weitere Diskussionen sind nicht nötig. Teilen Sie **keinen Namen und keine Details** mit. Oft fragen Betrüger z.B. „Rate mal, wer hier ist!" – gehen Sie darauf nicht ein, sondern erwidern Sie etwa: *„ Wer genau möchte mich denn sprechen?"* Bleiben Sie freundlich, aber bestimmt. Wenn der Anrufer vorgibt, von einer Behörde oder Firma zu sein, **rufen Sie selbst zurück** – aber nutzen Sie dafür die offizielle Telefonnummer, die Sie selbst heraussuchen (zum Beispiel aus dem Telefonbuch oder der offiziellen Webseite), nicht die Nummer aus der Anruferliste oder die, die man Ihnen möglicherweise nennt. So können Sie überprüfen, ob der Anruf echt war.

Denken Sie daran, dass **Telefonnummern manipuliert werden können**. Betrüger können am Telefon jede beliebige Nummer anzeigen lassen, sogar „110" oder die Nummer Ihrer Bank. Lassen Sie sich davon nicht beeindrucken. Wenn jemand behauptet, von der Polizei zu sein und Geld oder Wertgegenstände von Ihnen will, ist das *immer* ein Betrugsversuch – echte Polizisten fordern so etwas nie am Telefon. Legen Sie auf und verständigen Sie im Zweifel selbst die Polizei unter der **110**.

Vorsicht vor Fremden an der Haustür

Auch an der Haustür ist Aufmerksamkeit gefragt. Viele Betrüger versuchen, sich persönlich Zutritt zu Ihrer Wohnung zu verschaffen – etwa als falsche Handwerker, angebliche Mitarbeiter von Behörden oder Versorgungsbetrieben, als Spendensammler oder sogar falsche Polizisten. Ihr Ziel ist oft, Sie abzulenken oder unter Druck zu setzen, um Wertgegenstände oder Geld zu stehlen. **Lassen Sie niemals Unbekannte in Ihre Wohnung.** Wenn jemand vor Ihrer Tür steht, den

Sie nicht kennen oder nicht erwartet haben, gehen Sie auf Nummer sicher.

Öffnen Sie die Tür **immer nur mit vorgelegter Türsperre (Türkette),** falls vorhanden. Ist keine Sperre vorhanden, öffnen Sie am besten gar nicht, sondern sprechen Sie durch die geschlossene Tür. Fragen Sie ruhig nach dem Anliegen der Person und lassen Sie sich einen **Ausweis** zeigen. Nehmen Sie den Ausweis in die Hand und prüfen Sie ihn gründlich – echte Mitarbeiter haben dafür Verständnis. Rufen Sie im Zweifel bei der angeblichen Firma oder Behörde an, von der der Besucher kommt, **bevor** Sie jemanden hereinlassen. Suchen Sie die Nummer der Institution selbst heraus oder erfragen Sie sie über die Auskunft, anstatt eine Nummer zu wählen, die der Fremde Ihnen vorgibt. Eine echte Amtsperson oder ein seriöser Handwerker wird dafür Verständnis haben.

Merksatz: Unangemeldeten Besuchern müssen Sie **nie sofort Einlass gewähren.** Selbst wenn jemand behauptet, es sei dringend – etwa ein Wasserrohrbruch oder Gasleck – behalten Sie Ruhe und prüfen Sie erst, ob die Situation real ist. Sie können anbieten, selbst bei der Zentrale anzurufen, um den Auftrag zu bestätigen. Oft geben Betrüger dann schnell auf. **Sie sind nie verpflichtet,**

Fremde in Ihre Wohnung zu lassen, auch nicht wenn angeblich ein Notfall vorliegt oder man von der Hausverwaltung kommt. Im Zweifelsfall holen Sie einen Nachbarn oder eine Vertrauensperson hinzu. Bitten Sie fremde Besucher, später wiederzukommen, wenn gerade niemand da ist, der Ihnen beistehen kann. Echte Handwerker oder Beamte werden das verstehen – Betrüger hingegen versuchen meist, Druck auszuüben oder werden ungeduldig. Das ist ein Warnsignal.

Wenn Sie sich unsicher fühlen, zögern Sie nicht, **die Polizei zu rufen** (Notruf 110). Lieber einmal zu oft vorsichtig gewesen, als einmal Opfer eines Trickdiebs geworden. Ihre Sicherheit geht vor.

Sicherer Umgang mit Geld und Bankgeschäften

Der vertrauensvolle Umgang mit Geld ist für Betrüger ein Hauptziel. Schützen Sie daher Ihr Bargeld und Ihre Bankdaten durch umsichtiges Verhalten. **Geben Sie Ihre PIN-Nummern oder Bankkarten niemals an Dritte weiter.** Weder Bankmitarbeiter noch Polizei werden Sie jemals auffordern, **Geheimnummern preiszugeben oder Geld herauszugeben**, um es angeblich sicherzustellen. Solche Geschichten – etwa dass Ihr Konto gehackt sei oder Ihr Geld auf der Bank nicht mehr sicher – sind frei erfunden und dienen

nur dazu, Sie um Ihr Erspartes zu bringen.
Merksatz: Ihre PIN ist **Ihr Geheimnis** – *niemand*
hat das Recht, danach zu fragen, außer Sie selbst
bei der Eingabe am Bankautomaten.

Seien Sie auch vorsichtig, wenn Ihnen am Telefon
oder an der Haustür angeboten wird, Ihr Geld
abzuholen und sicher zu verwahren (etwa durch
falsche Polizisten). Gehen Sie **niemals auf solche
Angebote ein**. Legen Sie im Zweifel sofort auf
oder schließen Sie die Tür. Wenn Sie wirklich
glauben, es könnte etwas mit Ihrem Bankkonto
nicht stimmen, kontaktieren Sie persönlich Ihre
Bank oder Polizei unter den offiziellen
Kontaktdaten.

Im Alltag hilft es, einige **Vorkehrungen im
Umgang mit Bargeld** zu treffen. Bewahren Sie
größere Geldbeträge möglichst **nicht zu Hause**,
sondern auf der Bank. So minimieren Sie das
Risiko bei einem möglichen Diebstahl. Holen Sie
nur so viel Bargeld, wie Sie für die nächsten Tage
brauchen. An Geldautomaten achten Sie darauf,
dass **niemand Einblick auf die Tastatur** hat,
während Sie Ihre PIN eingeben. Decken Sie die
Hand über der Tastatur ab. Lassen Sie sich am
Automaten nicht ablenken, auch nicht von
scheinbar hilfsbereiten Fremden – Trickdiebe
arbeiten manchmal in Teams, bei denen einer

ablenkt, während der andere die Karte oder das Geld stiehlt. Nehmen Sie im Zweifel eine Begleitperson Ihres Vertrauens mit, wenn Sie sich bei Bankgeschäften unsicher fühlen.

Wenn Sie Überweisungen tätigen oder Verträge unterschreiben, nehmen Sie sich Zeit. **Unterschreiben Sie nichts, was Sie nicht vollständig verstanden haben.** Lesen Sie in Ruhe oder bitten Sie jemanden Ihres Vertrauens um Hilfe beim Durchsehen von Unterlagen. Seriöse Angebote haben **keinen Zeitdruck**; lassen Sie sich nie hetzen, wenn es um Ihr Geld geht.

Achtsamkeit bei Online-Kontakten

Das Internet und moderne Kommunikationsmittel bieten viele Vorteile – leider aber auch neue Betrugswege. Gerade hier ist Vorsicht geboten, denn am Bildschirm lässt sich die Identität eines Gegenübers noch leichter verschleiern als von Angesicht zu Angesicht. **Betrüger nutzen Telefon, Handy und Internet, um Kontakt aufzunehmen**, zum Beispiel per E-Mail, Chat-Nachricht oder in sozialen Netzwerken. Für Sie gilt online das gleiche Prinzip wie offline: Vertrauen Sie nicht blind, seien Sie lieber einmal mehr skeptisch.

Ein häufiger Trick sind **betrügerische E-Mails** (auch „Phishing" genannt). Dabei geben sich Betrüger zum Beispiel als Bank oder bekannte Firma aus, um an Ihre Daten zu gelangen. Öffnen Sie **niemals unbedacht Links oder Anhänge** in E-Mails, die von unbekannten Absendern kommen. Selbst wenn die Mail auf den ersten Blick offiziell aussieht – seien Sie misstrauisch, vor allem wenn darin *persönliche Daten* abgefragt werden oder Sie zu einer *Geldzahlung* aufgefordert werden. Solche E-Mails stammen sehr oft von Betrügern. **Merksatz:** Klicken Sie nie auf einen Link in einer E-Mail Ihrer Bank – *rufen Sie im Zweifel lieber bei Ihrer Bank an*. Nutzen Sie dabei die offizielle Telefonnummer von der Bankwebsite oder Ihrem Kontoauszug, nicht die aus der E-Mail. Ihre Bank wird Verständnis dafür haben, wenn Sie nachfragen.

Auch über **Messengerdienste wie WhatsApp** oder **Soziale Netzwerke** versuchen Betrüger mit Senioren in Kontakt zu treten. Eine neue Masche ist beispielsweise der WhatsApp-Enkeltrick: Dabei erhalten Senioren eine Nachricht von einer unbekannten Nummer, in der jemand vorgibt, ein Enkel oder naher Verwandter mit neuer Nummer zu sein und dringend Geld zu benötigen. Seien Sie bei solchen Nachrichten äußerst vorsichtig. Fragen Sie kritisch nach oder rufen Sie den vermeintlichen

Verwandten unter der alten Nummer zurück. Oft klärt sich dann schnell, dass er gar nicht umgezogen ist oder gewechselt hat. **Geben Sie keine Geldüberweisungen aufgrund einer Chat-Nachricht in die Wege**, ohne persönlich mit dem Angehörigen gesprochen zu haben. Im Zweifel beziehen Sie eine weitere Person ein oder bitten um Zeit. Betrüger scheitern meist, sobald man ihre Geschichte überprüfen will.

Im Internet können **unbekannte Bekanntschaften** ebenfalls ein Risiko sein. Romance-Scamming (Liebesbetrug) ist eine Masche, bei der Täter über Online-Dating oder Facebook gezielt das Vertrauen älterer Menschen erschleichen, oft über Wochen, und dann plötzlich um Geld bitten. Haben Sie im Hinterkopf, dass hinter einem sympathischen Online-Profil auch ein Betrüger stecken kann. Werden Sie grundsätzlich misstrauisch, wenn eine Internet-Bekanntschaft Geld fordert – egal wie herzlich der Kontakt erscheint. Überweisen Sie *niemals* Geld an jemanden, den Sie **nur online** kennen und noch nie persönlich getroffen haben. Reden Sie im Zweifel mit einer Vertrauensperson darüber, bevor Sie irgendetwas unternehmen.

Schützen Sie sich zudem durch **technische Sicherheitsmaßnahmen**. Halten Sie Ihren Computer und Smartphone mit **aktuellen**

Sicherheitsupdates und einem Virenschutzprogramm auf dem neuesten Stand. Nutzen Sie für Ihre Passwörter am besten sichere Kombinationen aus Buchstaben, Zahlen und Sonderzeichen. Diese technischen Schritte mögen ungewohnt sein, aber sie tragen viel zur Sicherheit bei. Lassen Sie sich von Familienmitgliedern oder Fachleuten helfen, wenn Sie unsicher im Umgang mit der Technik sind – das ist keine Schande, sondern klug. Es gibt auch Kurse für Seniorinnen und Senioren, die den Umgang mit Internet und E-Mails erklären. Wissen ist der beste Schutz, um auch online souverän und sicher zu bleiben.

Stärkung des Selbstbewusstseins: Hilfe holen ist kein Zeichen von Schwäche

Der vielleicht wichtigste Rat zum Schluss: **Scheuen Sie sich nie, Hilfe zu holen.** Sich Rat zu suchen oder Unterstützung anzufordern, bedeutet keinesfalls, dass Sie schwach oder unfähig wären – im Gegenteil, es zeugt von Stärke und Klarsicht. Betrugsopfer fühlen sich leider oft schuldig oder schämen sich, auf einen Trick hereingefallen zu sein. Doch **schämen sollten sich allein die Täter** – nicht Sie. Betrüger sind hochprofessionell und geschickt; ihre Machenschaften würden viele Menschen täuschen, egal welchen Alters oder

Bildungsstands. Wenn also etwas passiert ist oder Sie unsicher sind, stehen Sie nicht allein da.

Sprechen Sie über verdächtige Vorfälle mit Menschen Ihres Vertrauens, zum Beispiel Familie, guten Freunden oder Nachbarn. Oft hilft schon ein offenes Gespräch, um ein mulmiges Gefühl einzuschätzen. Gemeinsam findet man eher heraus, ob tatsächlich Gefahr besteht. Und sollte wirklich ein Betrugsversuch vorliegen, können Ihre Angehörigen Sie unterstützen – sei es durch Beruhigung, durch das Telefonat mit der Polizei oder einfach dadurch, dass sie an Ihrer Seite sind. **Merksatz:** Hilfe zu holen ist **kein Zeichen von Schwäche**, sondern eine kluge Schutzmaßnahme.

Zögern Sie insbesondere nicht, die **Polizei** einzuschalten, wenn Sie Opfer eines Betrugs geworden sind oder einen dringenden Verdacht haben. Die Notrufnummer **110** ist rund um die Uhr für Sie erreichbar. Sie können den Vorfall schildern – niemand wird Ihnen einen Vorwurf machen, im Gegenteil, man wird Ihnen helfen. Viele Betrügereien kommen nur ans Licht, weil aufmerksame Menschen Hinweise geben oder Anzeige erstatten. Ihre Meldung kann dazu beitragen, **weitere Taten zu verhindern**. Und selbst wenn Sie sich unsicher sind, ob wirklich Betrug im Spiel ist: Lieber einmal mehr die

Behörden fragen als einmal zu wenig. Auch die **Verbraucherzentralen** bieten Beratung an, wenn es um Betrug, Abzocke oder Unsicherheit bei Verträgen geht. Scheuen Sie sich nicht, solche Angebote zu nutzen.

Denken Sie immer daran: **Sie sind nicht schuld, wenn Kriminelle Sie ins Visier nehmen.** Die Verantwortung liegt bei den Tätern. Indem Sie achtsam sind, sich gut informieren und im Zweifel Unterstützung suchen, können Sie sich wirksam schützen, ohne Angst haben zu müssen. So bleiben Sie souverän und sicher im Alltag – genau das ist das Ziel dieses Ratgebers. Bleiben Sie wachsam, aber gelassen, und genießen Sie Ihr Leben mit dem guten Gefühl, für Ihre Sicherheit vorgesorgt zu haben

Kapitel 8: Schutz vor Betrug im Alltag

Ältere Menschen geraten leider oft ins Visier von Betrügern – am Telefon, an der Haustür oder per WhatsApp, SMS und E-Mail. Die Maschen der Kriminellen sind raffiniert, doch mit dem richtigen Wissen können Sie sich effektiv schützen. In diesem Kapitel finden Sie praktische Checklisten und Notfalltipps für typische Alltagssituationen, in denen Betrüger Seniorinnen und Senioren täuschen wollen. Die Listen sind bewusst kurz und klar gehalten, sodass Sie sie einfach befolgen oder auch ausdrucken können. Bewahren Sie Ruhe und denken Sie daran: Mit Vorsicht und gesundem Misstrauen lassen sich viele Betrugsversuche erkennen und abwehren.

Vorsicht am Telefon: Betrugsanrufe erkennen

Telefonbetrug gehört zu den häufigsten Maschen. Betrüger geben sich etwa als Enkel in Not (Enkeltrick) oder falsche Polizisten aus, um an Geld oder persönliche Daten zu gelangen. Grundsätzlich gilt: **Am Telefon niemals unter Druck setzen lassen und keine sensiblen Daten preisgeben!** Achten Sie auf folgende Warnzeichen und Verhaltensregeln:

Checkliste: Sicherheit bei Telefonanrufen

- **Unbekannter Anrufer:** Seien Sie misstrauisch, wenn der Anrufer sich nicht mit Namen vorstellt oder Sie raten lässt, *wer* am Apparat ist. Betrüger nutzen oft diese Taktik, um Ihnen einen vertrauten Menschen vorzutäuschen.

- **Druck und Dringlichkeit:** Lassen Sie sich nicht drängen oder in Panik versetzen! Zeitdruck ist ein typisches Alarmzeichen für Betrug. Bleiben Sie ruhig und hören Sie kritisch zu.

- **Geldforderungen oder persönliche Daten:** Legen Sie **sofort auf**, wenn am Telefon plötzlich Geld, Überweisungen oder vertrauliche Informationen verlangt werden. Seriöse Stellen fordern *nie* am Telefon zur sofortigen Zahlung oder zur Herausgabe von Bankdaten auf.

- **Angebliche Verwandte in Not:** Wenn jemand behauptet, ein Verwandter in finanzieller Not zu sein (z.B. "Rate mal, wer hier spricht..."), beenden Sie das Gespräch und **rufen Sie die Person unter der bekannten Nummer zurück**. Nutzen Sie nicht die Rückruffunktion des

Telefons, sondern wählen Sie selbst die vertraute Nummer. In den meisten Fällen entlarvt dies den Betrug schnell.

- **Falsche Behörden/Polizei:** Seien Sie wachsam, wenn sich Anrufer als Polizist, Bankmitarbeiter oder Amtsperson ausgeben und Geld oder Wertsachen fordern. **Die Polizei wird Sie *niemals* telefonisch auffordern, Geld oder Wertgegenstände herauszugeben.** Legen Sie auf und verständigen Sie umgehend die *richtige* Polizei unter 110, wenn jemand dies behauptet.

- **Keine persönlichen Details preisgeben:** Geben Sie am Telefon keine Details zu Ihren finanziellen Verhältnissen, Kontonummern, PINs oder familiären Angelegenheiten bekannt. Seriöse Gesprächspartner kennen solche Daten bereits oder klären das schriftlich.

- **Im Zweifel auflegen:** Scheuen Sie sich nicht, aufzulegen, **auch wenn der Anrufer höflich wirkt**. Ihr Schutz geht vor. Wenn Ihnen etwas merkwürdig erscheint oder der Anrufer droht, **sofort Gespräch beenden**.

- **Notfall-Tipp:** Speichern Sie wichtige Nummern Ihrer Familie unter ihrem Namen im Telefon, damit Sie angebliche Verwandte leichter entlarven können. Und erinnern Sie sich an die Präventionskampagne der Polizei: **„Leg' auf!"** – lieber einmal zu oft aufgelegt als einmal zu wenig. Bei **akutem Verdacht oder wenn Sie bedroht werden: 110 wählen und Hilfe holen**.

Fremde an der Haustür: Richtig reagieren

Haustürbetrug ist eine weitere gängige Masche. Betrüger klingeln unerwartet und geben vor, Handwerker, Polizisten, Vertreter oder hilfsbedürftige Personen zu sein. Ihr Ziel: sich Zutritt verschaffen oder spontane Zahlungen/Unterschriften erzwingen. Bleiben Sie wachsam, wenn Fremde vor der Tür stehen. Folgende Punkte helfen, Betrug an der Haustür zu erkennen und abzuwehren:

Checkliste: Sicherheit an der Haustür

- **Tür nur gesichert öffnen:** Werfen Sie *vor* dem Öffnen einen Blick durch den Türspion oder aus dem Fenster, um zu sehen, wer vor der Tür steht. **Öffnen Sie die Tür nur mit vorgelegter Türkette**

oder Sperrriegel. Unbekannte sollten Sie niemals ungesichert eintreten lassen.

- **Unangemeldeten Besuch prüfen:** Lassen Sie **keine Fremden in die Wohnung**, solange Sie nicht sicher sind, wen sie vor sich haben und was der Grund des Besuchs ist. Fordern Sie gegebenenfalls einen **Ausweis** (Mitarbeiterausweis, Dienstausweis) und prüfen Sie ihn sorgfältig – vergleichen Sie das Foto und die Angaben. Wenn Sie zweifeln, rufen Sie die angegebene Firma oder Behörde *selbst* an (suchen Sie die Nummer selbst heraus, nutzen Sie nicht die vom Besucher angebotene Nummer). Ein echter Handwerker oder Beamter wird Verständnis haben.

- **Nicht unter Druck setzen lassen:** Betrüger an der Haustür arbeiten oft mit Trickfragen oder Zeitdruck („es muss *jetzt* entschieden werden"). Lassen Sie sich nicht hetzen. **Unterschreiben Sie nichts und leisten Sie keine spontanen Zahlungen an der Tür**, wenn Sie nicht alles in Ruhe prüfen konnten. Angebote, die *nur heute* gelten oder sofort Bargeld verlangen, sind höchst unseriös – solche

Forderungen über 50 € bei Haustürgeschäften sind sogar gesetzlich verboten.

- **Amtspersonen verifizieren:** Auch wenn jemand angibt, von der Polizei, Bank oder einer Behörde zu sein – **lassen Sie sich immer den Dienstausweis zeigen**. Rufen Sie im Zweifel die Institution an (verwenden Sie dazu ebenfalls eine selbst recherchierte Nummer) und fragen Sie nach, ob der Besuch bei Ihnen *beauftragt* wurde. **Echte Polizisten, Banken oder Behörden schicken niemals ohne Ankündigung Mitarbeiter zu Ihnen nach Hause, um Geld oder Wertsachen abzuholen.** Sollte Ihnen so etwas passieren, alarmieren Sie umgehend die Polizei (110).

- **Keine spontanen Gefälligkeiten:** Wechseln Sie kein Geld für Fremde an der Tür (es könnte Falschgeld sein). Nehmen Sie keine Pakete oder Nachnahmesendungen für Nachbarn an, wenn diese es nicht ausdrücklich angekündigt haben – dahinter können Betrügereien stecken.

- **Wehren Sie sich bei aufdringlichen Besuchern:** Tritt jemand sehr bestimmt oder aggressiv auf, bleiben Sie standhaft. **Sprechen Sie laut und bestimmt**, fordern Sie die Person zum Gehen auf, oder rufen Sie in Richtung eines (auch fiktiven) Mitbewohners, dass Hilfe kommen soll. Dies schreckt Täter ab. Im Ernstfall zögern Sie nicht, den Notruf 110 zu wählen.

- **Nachbarschaftshilfe nutzen:** Informieren Sie vertrauenswürdige Nachbarn, wenn Sie verdächtige Besucher hatten. Vereinbaren Sie eventuell mit Nachbarn, sich gegenseitig beizustehen, falls Fremde an der Tür erscheinen. Gemeinsam ist man weniger angreifbar.

- **Notfall-Tipp:** Wenn Sie allein leben, können Sie bei unbekanntem Besuch auch so tun, als würden Sie gerade telefonieren oder erwarten Besuch. Täter sehen dann, dass Sie nicht völlig allein und schutzlos sind. Im Zweifelsfall: Tür geschlossen halten und die Person *wegschicken*. Ihre Wohnung ist Ihr Privatbereich – ungebetene Gäste müssen Sie nicht hereinlassen.

Vorsicht bei WhatsApp, SMS und E-Mail: digitale Betrugsmaschen

Smartphones und Computer sind praktische Helfer, doch Betrüger nutzen auch digitale Kanäle, um Senioren zu täuschen. Phishing-E-Mails, falsche WhatsApp-Nachrichten („Enkeltrick per Messenger") oder SMS mit schädlichen Links sind an der Tagesordnung. Grundregel: **Klicken Sie nie unbedacht auf Links oder Anhänge und geben Sie online keine vertraulichen Daten preis**, wenn Sie nicht 100% sicher sind. Achten Sie besonders auf Folgendes:

Checkliste: Sicher im Umgang mit WhatsApp, SMS & E-Mails

- **Unbekannte Absender ignorieren:** Öffnen Sie keine Anhänge und klicken Sie **nicht auf Links** in SMS, WhatsApp-Nachrichten oder E-Mails, die von unbekannten Absendern kommen. Diese könnten auf gefälschte Websites führen oder Viren enthalten. Im Zweifel löschen Sie solche Nachrichten ungelesen.

- **Misstrauen bei seltsamen Nachrichten:** Seien Sie vorsichtig bei Nachrichten mit dringenden Geldforderungen oder ungewöhnlichen Inhalten – insbesondere wenn sie vorgeben, von einem bekannten Kontakt zu sein, aber in gebrochenem Deutsch oder untypischer Schreibweise verfasst sind. Betrüger werden immer geschickter: WhatsApp-Nachrichten beispielsweise kommen oft in einwandfreiem Deutsch und wirken vertrauenswürdig. Lassen Sie sich davon nicht einlullen.

- **Verifizierungs-Trick bei WhatsApp:** Der **WhatsApp-Enkeltrick** läuft häufig so ab: Sie erhalten eine Nachricht wie „Hallo Mama, mein Handy ist kaputt, das ist meine neue Nummer…" und kurz darauf eine Bitte um Geld. Spätestens wenn Geld gefordert wird, **brechen Sie den Kontakt ab**. Rufen Sie Ihren echten Angehörigen unter der alten Nummer an – meist stellt sich heraus, dass alles in Ordnung ist. **Gehen Sie niemals auf Geldforderungen per Messenger ein!**

- **Absender verifizieren:** Wenn Sie per E-Mail oder Nachricht von einer bekannten Institution (Bank, Versicherung, Online-Shop) zur Eingabe von Daten oder zum Klick auf einen Link aufgefordert werden, prüfen Sie zuerst die Absenderadresse genau. Oft unterscheiden sich Absender bei Betrugs-Mails minimal von den echten (z.B. zusätzliche Zahlen im Namen). **Antworten Sie nicht über diesen Kanal.** Öffnen Sie stattdessen den Browser und rufen Sie die offizielle Webseite der Institution manuell auf oder rufen Sie dort an. **Klicken Sie grundsätzlich nicht direkt auf Links in unerwarteten E-Mails** – so vermeiden Sie, auf gefälschte Seiten zu gelangen.

- **Keine sensiblen Daten per Messenger/E-Mail:** Geben Sie **niemals Passwörter, PINs oder Login-Daten** via WhatsApp, SMS oder E-Mail weiter. Seriöse Unternehmen fordern so etwas nicht per Mail oder Chat ein. Wenn jemand, den Sie kennen, Sie plötzlich danach fragt, **rufen Sie die Person an** – eventuell wurde ihr Account gehackt.

- **Anhänge prüfen:** Öffnen Sie Datei-Anhänge nur, wenn Sie diese *erwartet* haben. Eine gängige Masche sind E-Mails mit angeblichen Rechnungen, Mahnungen oder Paket-Benachrichtigungen im Anhang. Klingt es überraschend oder unplausibel, löschen Sie die Mail lieber ungelesen. Laden Sie Apps auf dem Smartphone nur aus offiziellen App-Stores herunter, um Schadsoftware zu vermeiden.

- **Kontakte blockieren und melden:** Wenn Sie eine offensichtliche Betrugs-SMS oder WhatsApp erhalten, **blockieren Sie den Absender** sofort. Auf WhatsApp können Sie in den Chat-Einstellungen die Nummer „Blockieren" oder „Als Spam melden". So unterbinden Sie weitere Nachrichten von dieser Person.

- **Notfall-Tipp:** Sprechen Sie im Zweifel mit einer Vertrauensperson (Familie, technikkundige Freunde), bevor Sie auf eine verdächtige Nachricht reagieren. Vier Augen sehen mehr als zwei – oft erkennt jemand anders sofort, ob es sich um Betrug handelt. Im Zweifelsfall gilt immer: *Lieber löschen als klicken!*

Sicher online einkaufen: Echte Shops erkennen

Das Internet bietet bequeme Einkaufsmöglichkeiten bis an die Haustür. Leider gibt es auch **Fake-Shops**, also gefälschte Online-Shops, die nur Ihr Geld wollen, aber keine Ware liefern. Insbesondere extrem günstige Schnäppchenangebote auf unbekannten Websites sind verdächtig. Um Betrug beim Online-Shopping zu vermeiden, prüfen Sie jeden unbekannten Händler sorgfältig:

Checkliste: Woran erkenne ich einen seriösen Online-Shop?

- **Impressum und Kontakt prüfen: Seriöse Online-Shops haben ein vollständiges Impressum** mit Firmennamen, Adresse, E-Mail und Telefonnummer. Fehlt das Impressum oder besteht es nur aus vagen Angaben, ist Vorsicht geboten. Achten Sie auch auf die Kontaktmöglichkeiten: Gibt es eine **echte Telefonnummer** (keine teure Auslandsnummer) und eine erreichbare Kundenservice-Mail? Wenn nur ein Kontaktformular ohne weitere Daten vorhanden ist, stimmt etwas nicht.

- **Webadresse (URL) ansehen:** Prüfen Sie die Internetadresse des Shops. Wirkt sie seltsam oder enthält sie zusätzliche Wörter/ziffern? Betrüger nutzen oft Domains, die bekannten Marken ähneln. **Achten Sie auf eine sichere Verbindung („https://" und Schloss-Symbol in der Adresszeile)** – *aber Achtung:* Auch Fake-Shops verwenden mittlerweile SSL-Verschlüsselung. Lassen Sie sich also nicht allein vom Schloss blenden, sondern prüfen Sie den Gesamteindruck der Seite. Beispielsweise sind ungewöhnliche Domain-Endungen wie "*.de.com" ein Warnsignal.

- **Unrealistische Preise:** Ist das Angebot zu schön, um wahr zu sein? **Extrem niedrige Preise oder Riesennachlässe** bei unbekannten Shops sind verdächtig. Vergleichen Sie die Preise mit anderen Anbietern. Wenn ein Shop alle Produkte deutlich billiger hat als die Konkurrenz, sollten Sie skeptisch sein.

- **Gütesiegel und Bewertungen:** Suchen Sie auf der Seite nach **Gütesiegeln** vertrauenswürdiger Organisationen (z.B. Trusted Shops, TÜV, EHI). **Klicken Sie auf das Siegel**, um zu prüfen, ob es echt ist – bei seriösen Shops führt der Klick zur Zertifizierungsseite mit Details zum Shop. Gefälschte Siegel sind oft *nicht* klickbar oder erfunden. Lesen Sie auch Kundenbewertungen – aber achten Sie darauf, ob diese echt wirken. Allzu begeisterte, gleichförmige Bewertungen könnten erfunden sein.

- **Zahlungsarten: Seriöse Händler bieten mehrere Zahlungsarten** an, z.B. Kauf auf Rechnung, Lastschrift, Kreditkarte oder PayPal. Wenn nur **Vorkasse per Überweisung** möglich ist, sollten Sie sehr vorsichtig sein. Viele Fake-Shops locken zunächst mit mehreren Zahlungsmethoden, zwingen einen am Ende aber zur Vorkasse. Bezahlen Sie nach Möglichkeit auf Rechnung – dann haben Sie die Ware schon, bevor Sie zahlen.

- **AGB, Widerruf und Datenschutz:** Seriöse Shops informieren über **AGB, Widerrufsrecht und Datenschutz**. Finden Sie auf der Seite keinerlei Angaben zu Rückgabe oder gesetzlichen Rechten, ist das kein gutes Zeichen.

- **Internetrecherche:** Suchen Sie online nach dem Shopnamen plus Stichworten wie *„Erfahrung"* oder *„Betrug"*. Oft finden sich in Foren oder auf Verbraucherportalen Hinweise, ob ein Anbieter vertrauenswürdig ist. Die **Verbraucherzentrale** bietet online einen Fakeshop-Finder an, in den Sie die Shop-URL eingeben können. Nutzen Sie solche Quellen, wenn Sie unsicher sind.

- **Notfall-Tipp:** Vertrauen Sie Ihrem Bauchgefühl. Wenn irgendetwas an der Website komisch erscheint – sei es das Design, die Sprache oder ungewöhnliche Zahlungsmethoden – **brechen Sie den Kaufvorgang lieber ab**. Im Zweifel bestellen Sie bei einem bekannten Händler oder fragen jemanden um Rat, bevor Sie Geld riskieren.

Bei Betrugsverdacht: Was tun und wer hilft?

Manchmal ist nicht sofort klar, ob es sich um Betrug handelt. Sie haben z.B. einen merkwürdigen Anruf erhalten, eine dubiose Mail oder einen komischen Besucher an der Tür gehabt und *vermuten* nun einen Betrugsversuch. Hier ist besonnenes Handeln gefragt. Die Devise lautet: **Lieber einmal zu viel melden als einmal zu wenig.** Folgende Schritte sind sinnvoll, wenn Sie Betrug *vermuten*:

Checkliste: Verhalten bei Betrugsverdacht

- **Kontakt sofort abbrechen:** Wenn Ihnen während eines Gesprächs oder Schriftwechsels etwas *komisch vorkommt*, **brechen Sie den Kontakt ab**. Legen Sie auf, antworten Sie nicht mehr auf Nachrichten, und klicken Sie keine

weiteren Links an. Je schneller Sie aus der
Situation aussteigen, desto geringer die
Chance, dass der Betrüger sein Ziel
erreicht.

- **Situation festhalten:** Notieren Sie
  wichtige Details, solange sie frisch sind.
  Bei Telefonaten schreiben Sie z.B. die
  angezeigte Nummer, Namen oder Akzent
  des Anrufers und den Inhalt des Gesprächs
  auf. Bewahren Sie verdächtige E-Mails
  oder Nachrichten als **Beweismittel**
  (machen Sie Screenshots oder Fotos vom
  Chat-Verlauf). Diese Infos können später
  der Polizei helfen.

- **Vertrauensperson einweihen:** Scheuen
  Sie sich nicht, jemanden zurate zu ziehen.
  Rufen Sie eine vertraute Person (Familie,
  Freund) an und schildern Sie, was passiert
  ist. Oft hilft eine zweite Meinung, die
  Sache klarer zu sehen. Betrüger spielen
  mit Verunsicherung – ein Außenstehender
  erkennt die Masche vielleicht sofort.

- **Polizei informieren:** Zögern Sie nicht, die
  Polizei einzuschalten. **Wählen Sie im
  Zweifel die 110**, insbesondere wenn Sie
  bedroht oder unter Druck gesetzt wurden.
  Auch wenn es „nur" ein Versuch war und

Sie nicht darauf hereingefallen sind, können Sie den Vorfall Ihrer örtlichen Polizeidienststelle melden. Die Polizei sammelt solche Informationen und kann Warnungen herausgeben, um andere zu schützen.

- **Bank/Kreditinstitut kontaktieren:** Falls Ihr **Bankkonto, Ihre Karten oder Zahlungen** betroffen sein könnten (z.B. wenn Sie Konto- oder Kreditkartendaten weitergegeben haben), informieren Sie sofort Ihre Bank. Lassen Sie ggf. Karten **sperren** – das geht rund um die Uhr über den zentralen Sperr-Notruf *116 116*. Ihre Bank kann unautorisierte Abbuchungen stoppen oder bereits überwiesenes Geld vielleicht zurückholen. Je schneller Sie handeln, desto besser.

- **Verbraucherzentrale nutzen:** Die **Verbraucherzentrale** kann im Betrugsfall beratend helfen. Sie informiert über aktuelle Betrugsmaschen und bietet Rechtsberatung an. Bei unseriösen Verkaufsmaschen, Verträgen oder Online-Käufen können Sie sich an die Verbraucherzentrale in Ihrem Bundesland wenden. Dort erhalten Sie Rat, wie Sie weiter vorgehen und Ihre Rechte wahren.

- **Nicht einschüchtern lassen:** Betrüger drohen manchmal mit Konsequenzen, Anzeigen oder Gebühren, um Opfer gefügig zu machen. Lassen Sie sich *nicht* beeindrucken. Solche Drohungen sind Teil des Schwindels. Brechen Sie den Kontakt ab und holen Sie Hilfe bei offiziellen Stellen. **Geben Sie Betrügern keine Angriffsfläche – je schneller Sie den Betrugsverdacht melden, desto eher kann man Sie unterstützen.**

- **Notfall-Tipp:** Speichern Sie sich wichtige Telefonnummern, z.B. die Ihrer Bank und der Polizei, in Ihrem Telefon oder notieren Sie sie griffbereit neben dem Telefon. In einer Stresssituation erspart Ihnen das wertvolle Zeit.

Nach einem Betrug: Erste Schritte und Unterstützung

Sollten Sie trotz aller Vorsicht Opfer eines Betrugs geworden sein, gilt zuerst: **Machen Sie sich keine Vorwürfe!** Betrüger arbeiten hochprofessionell, und *jedem* kann so etwas passieren. Wut und Scham sind normale Reaktionen, doch jetzt ist wichtig, schnell zu handeln und sich Unterstützung zu holen. Folgende Maßnahmen helfen direkt nach einem Betrugsfall:

Checkliste: Was tun, wenn Sie Opfer geworden sind?

- **Ruhe bewahren und Hilfe holen:** Auch wenn Sie sich ärgern – bewahren Sie soweit möglich Ruhe. **Informieren Sie sofort die Polizei** und erstatten Sie Anzeige. Rufen Sie den Notruf 110, wenn der Täter noch in der Nähe sein könnte oder Sie sich bedroht fühlen. Ansonsten können Sie auch direkt zur nächsten Polizeidienststelle gehen und den Vorfall melden. Je eher die Polizei Bescheid weiß, desto größer die Chance, Täter zu fassen oder Schaden zu begrenzen.

- **Bank und Versicherungen benachrichtigen:** Falls Sie **Geld überwiesen** oder Bankdaten herausgegeben haben, setzen Sie sich umgehend mit Ihrer Bank in Verbindung. Schildern Sie den Betrug – manchmal kann eine Überweisung noch gestoppt oder rückgängig gemacht werden. Lassen Sie betrügerisch verwendete **Konten oder Karten sperren** (Notruf 116 116). Bei gestohlenen Wertgegenständen informieren Sie Ihre Versicherung (z.B. Hausratversicherung, falls die den Schaden abdeckt).

- **Passwörter ändern:** Wenn der Betrug in Zusammenhang mit Online-Konten passierte (z.B. Ihr E-Mail-Account oder Online-Banking wurde ausspioniert), **ändern Sie sofort alle betroffenen Passwörter**. Wählen Sie sichere, neue Passwörter und verwenden Sie nicht dasselbe für mehrere Dienste. Informieren Sie ggf. auch die Betreiber der Online-Dienste über den Vorfall.

- **Beweise sichern:** Sammeln Sie alle **Unterlagen und Beweise** zum Betrug: Kontoauszüge, Chatverläufe, E-Mails, Namen von beteiligten Personen, Quittungen, Verträge etc. Diese Unterlagen helfen Polizei und ggf. einem Anwalt dabei, den Fall aufzuklären. Machen Sie Gedächtnisprotokolle, solange alles frisch ist – notieren Sie Zeitpunkt, Ablauf und Wortlaut wichtiger Gespräche.

- **Niemandem die Schuld geben – auch sich selbst nicht:** Schieben Sie die Schuld an dem Vorfall dorthin, wo sie hingehört –

zu den Betrügern. Schämen Sie sich nicht, Hilfe zu suchen. Sprechen Sie mit vertrauten Menschen über das Erlebte, statt es aus Scham zu verheimlichen. Viele Opfer stellen fest, dass offene Worte ungemein entlasten. **Sie sind nicht allein!** Betrugsopfer gibt es viele, und es sagt nichts über Sie aus, Opfer einer ausgeklügelten Masche geworden zu sein.

- **Emotionale Unterstützung suchen:** Ein Betrug kann seelisch belastend sein. Zögern Sie nicht, professionelle Hilfe anzunehmen. In Deutschland bietet der **Weiße Ring** Opferhilfe an. Über das *kostenlose Opfer-Telefon 116 006* erreichen Sie täglich von 7 bis 22 Uhr geschulte Berater, die zuhören und Rat geben. Auch psychologische Beratungsstellen oder Ihr Hausarzt können Anlaufstellen sein, wenn Sie den Vorfall seelisch verarbeiten müssen.

- **Prävention für die Zukunft:** Nach einem Betrug ist es verständlich, vorsichtiger zu werden. Nutzen Sie diese Erfahrung, um künftig noch wachsamer zu sein – aber ziehen Sie sich nicht ängstlich zurück. Informieren Sie sich über aktuelle

Betrugsmaschen (z.B. auf der Webseite der Polizei oder Verbraucherzentrale) und sprechen Sie mit Freunden oder in Seniorengruppen über das Thema. Oft kennen andere ähnliche Geschichten, und man lernt voneinander, worauf man achten sollte.

- **Selbstschutz im Alltag:** Überlegen Sie, welche zusätzlichen Sicherheitsmaßnahmen Ihnen im Alltag ein gutes Gefühl geben. Das können einfache Dinge sein wie ein **Telefon mit Nummernanzeige**, ein **Türspion** oder ein **Türketten-Schloss**, wenn diese noch nicht vorhanden sind. Solche Vorkehrungen schrecken viele Täter ab. Bleiben Sie sozial aktiv – Betrüger suchen sich eher isolierte Opfer. Mit regen Kontakten und dem Wissen aus diesem Ratgeber sind Sie bestens gerüstet.

Fazit: Betrug im Alltag hat viele Gesichter – vom falschen Enkel am Telefon über den unbekannten Handwerker an der Tür bis zur Phishing-Mail im Posteingang. Lassen Sie sich dadurch nicht verunsichern. Mit den **Checklisten** in diesem Kapitel sind Sie auf typische Situationen vorbereitet. Vertrauen Sie auf Ihr Bauchgefühl, informieren Sie im Zweifel eine vertraute Person oder die Polizei und beherzigen Sie die Notfalltipps. So können Sie Ihren Alltag weiterhin *sicher und unbeschwert* genießen, ohne ständig Angst vor Betrug haben zu müssen. Bleiben Sie wachsam, aber gelassen – dann haben Betrüger keine Chance!

Kapitel 9: Rechte im Betrugsfall und Unterstützung durch Polizei, Justiz und Banken

Als Seniorin oder Senior sind Sie im Betrugsfall nicht alleine – es gibt vielfältige Unterstützung und klare Rechtsansprüche. In diesem Kapitel erfahren Sie praxisnah, welche Schritte nach einem Betrug einzuleiten sind, wie Polizei und Justiz vorgehen, welche Rechte Sie als Opfer haben und welche Rolle Banken übernehmen. Außerdem stellen wir vor, wie Polizei und **Verbraucherzentrale** bei Prävention und Aufklärung helfen und welche weiteren Hilfsangebote – wie der *Weiße Ring* – Ihnen zur Seite stehen. Ziel ist es, Ihnen konkrete Informationen und Ruhe zu vermitteln, damit Sie im Ernstfall genau wissen, was zu tun ist und wer Ihnen hilft.

Strafanzeige erstatten: Was tut die Polizei?

Nicht zögern: Wenn Sie Opfer eines Betrugs geworden sind oder einen Betrugsversuch vermuten, sollten Sie unverzüglich die Polizei informieren. Nur wenn eine Straftat angezeigt wird, kann die Polizei aktiv werden, Ermittlungen einleiten und weitere Schäden verhindern. Eine **Strafanzeige** können Sie bei jeder Polizeidienststelle, bei der Staatsanwaltschaft oder einem Amtsgericht erstatten – persönlich, schriftlich und oft sogar telefonisch oder online. Es ist keine besondere Form erforderlich. Wichtig ist, dass Sie den Vorfall so genau wie möglich schildern und die **W-Fragen** beantworten: **Wer** hat **was**, **wo**, **wie** und **warum** getan (soweit bekannt). Sollte der Täter unbekannt sein, können Sie die Anzeige *gegen Unbekannt* stellen.

Ablauf der Anzeigenaufnahme: Bei der Anzeigenerstattung werden Ihre Personalien aufgenommen und der Sachverhalt aus Ihrer Sicht protokolliert. Die Polizei fragt nach wichtigen Details, z.B. Tatzeit und -ort, Beschreibung des Täters (falls bekannt) sowie Angaben zu Schaden und möglichen Zeugen. Scheuen Sie sich nicht, alle Fakten offenzulegen – selbst wenn Ihnen einzelne Details unwichtig erscheinen, können sie für die Ermittler bedeutsam sein. Nachdem alles aufgenommen ist, unterzeichnen Sie die Niederschrift der Anzeige. Sie erhalten auf Wunsch eine Anzeigenbestätigung mit Aktenzeichen, die Sie z.B. gegenüber Ihrer Versicherung oder Bank als Nachweis der Meldung nutzen können.

Nach der Anzeige – Ermittlung und Verfahren: Die Polizei ist gesetzlich verpflichtet, jedem Anfangsverdacht nachzugehen. Ihre Anzeige kann **nicht zurückgezogen** werden – einmal gemeldet, nimmt das Verfahren seinen Lauf. Die Polizei leitet

Ihren Fall an die Staatsanwaltschaft weiter, die dann auf Basis der Ermittlungsergebnisse entscheidet, ob Anklage erhoben wird. Kommt es nicht zu einer Anklage (etwa weil der Täter nicht ermittelt werden konnte oder keine ausreichenden Beweise vorliegen), wird das Verfahren eingestellt – Sie werden darüber **schriftlich informiert**. Sollte es zu einer Gerichtsverhandlung kommen, erhalten Sie Informationen zu *wann und wo* diese stattfindet und welcher Vorwurf dem Angeklagten gemacht wird. Auch über den Ausgang des Verfahrens (Verurteilung, Freispruch oder erneute Einstellung) werden Sie als Anzeigenerstatter auf Antrag unterrichtet. All diese Informationen bekommen Sie jedoch **nur auf Nachfrage** – es ist empfehlenswert, bereits bei der Anzeigenaufnahme anzugeben, dass Sie über den Fortgang informiert werden möchten.

Polizeiliche Ermittlungen: Nach der Anzeige beginnt die Polizei mit der Beweissicherung und Spurensuche. Je nach Art des Betrugs kann dies z.B. bedeuten, Transaktionen nachzuverfolgen, Überwachungsvideos auszuwerten oder digitale Spuren (bei Internetbetrug) zu sichern. Gegebenenfalls werden Sie später als **Zeuge** vorgeladen, um eine Aussage zu machen. Wichtig zu wissen: Einer polizeilichen Vorladung müssen Sie rechtlich nicht Folge leisten, wohl aber einer

Vorladung der Staatsanwaltschaft. Falls Sie als Zeuge aussagen, werden Sie zuvor über Ihre Rechte und Pflichten belehrt – insbesondere müssen Sie die Wahrheit sagen, dürfen aber Aussagen verweigern, wenn Sie sich selbst oder nahe Angehörige belasten würden. Die Polizei bemüht sich, den Aufwand für Opfer so gering wie möglich zu halten. Sollte ein Täter ermittelt werden, übernimmt meist die Staatsanwaltschaft die weitere Verfolgung und führt – bei hinreichendem Tatverdacht – das Verfahren zur Anklage. Sie selbst müssen im Ermittlungsverfahren nichts weiter tun, außer auf Rückfragen der Polizei zu reagieren und ggf. als Zeuge auszusagen.

Rechte der Opfer: Nebenklage, Akteneinsicht und Schadensersatz

Auch wenn Sie als Geschädigte*r im Strafverfahren formal zunächst nur Zeuge sind, stehen Ihnen wichtige **Opferrechte** zu. Diese Rechte sollen sicherstellen, dass Sie über das Verfahren informiert bleiben, Ihre Interessen gewahrt werden und Sie gegebenenfalls Entschädigung erhalten.

Recht auf Information: Als Opfer haben Sie das Recht, über den Stand des Verfahrens Auskunft zu

erhalten. Auf Antrag teilt man Ihnen z.B. mit, ob
das Verfahren eingestellt wurde, ob und wann eine
Gerichtsverhandlung stattfindet und wie das Urteil
ausgefallen ist. Diese Benachrichtigungen erfolgen
nicht automatisch, Sie müssen sie aktiv bei der
Staatsanwaltschaft oder dem Gericht beantragen –
am besten gleich bei der Anzeigenaufnahme darum
bitten. So erfahren Sie zuverlässig, wie es in Ihrem
Fall weitergeht. Außerdem können Opfer unter
bestimmten Voraussetzungen erfahren, ob der Täter
in Haft ist oder Auflagen bekam (z.B. ein
Kontaktverbot). All diese Informationsrechte
geben vielen Betroffenen ein Stück Kontrolle und
Sicherheit zurück.

Akteneinsicht: Ein häufiges Anliegen von
Betrugsopfern ist, Einblick in die Ermittlungsakte
zu erhalten – etwa um den Kenntnisstand zu
erfahren oder für eine mögliche Zivilklage.
Grundsätzlich darf die Polizei selbst *keine*
Akteneinsicht gewähren. Ob und in welchem
Umfang Sie die Akten einsehen dürfen,
entscheiden die Staatsanwaltschaft oder das
Gericht auf Antrag. In der Praxis läuft dies meist
über einen **Rechtsbeistand**: Ihr Anwalt kann als
Vertreter des Geschädigten Einsicht in die Akten
nehmen oder Kopien daraus anfordern. In
Einzelfällen können auch Betroffene selbst
Auskünfte oder Abschriften aus den Akten erhalten

– hierfür stellen Sie am besten einen formlosen Antrag bei der zuständigen Behörde. Beachten Sie jedoch, dass eine vollständige Akteneinsicht oft erst nach Abschluss der Ermittlungen möglich ist, um die Untersuchungen nicht zu beeinträchtigen. Ein Anwalt kann Sie hierzu beraten und gegebenenfalls Akteneinsicht nach § 406e Strafprozessordnung für Sie beantragen.

Nebenklage – aktive Beteiligung am Prozess:
Bei bestimmten Straftaten haben Opfer die Möglichkeit, sich dem Strafverfahren als **Nebenkläger** anzuschließen. Als Nebenkläger*in erhalten Sie einen besonderen Verfahrensstatus und können aktiv am Prozess mitwirken: Sie dürfen der Gerichtsverhandlung komplett beiwohnen, selbst wenn Sie noch als Zeuge aussagen müssen, und Ihr Anwalt oder Sie selbst dürfen Fragen an Angeklagte und Zeugen stellen, Beweisanträge einbringen und sogar Rechtsmittel (Berufung/Revision) einlegen. Dies gibt vielen Opfern das Gefühl, Gehör zu finden und ihr Recht aktiv verfolgen zu können. Allerdings muss für eine Nebenklage **rechtlich bestimmte Voraussetzungen** vorliegen. Gesetzlich vorgesehen ist die Nebenklage v.a. für Opfer schwerer Delikte wie Körperverletzung, Raub, Sexualdelikte oder Tötungsdelikte. **Reine Vermögensdelikte** wie Betrug berechtigen in der

Regel *nicht* zur Nebenklage. Das heißt, als Betrugsopfer können Sie sich normalerweise nicht ohne Weiteres als Nebenkläger am Strafprozess beteiligen. Nur in Ausnahmefällen – etwa bei besonders schweren Betrugsfällen oder wenn ein *besonderes Schutzbedürfnis* anerkannt wird – lässt das Gericht eine Nebenklage zu. Ihr Anwalt kann prüfen, ob eine Nebenklage in Betracht kommt. Wichtig: Auch ohne Nebenklage können Sie der öffentlichen Hauptverhandlung als Zuschauer beiwohnen, sobald Sie Ihre Zeugenaussage gemacht haben (Gerichtsverhandlungen sind grundsätzlich öffentlich). Zudem stehen Ihnen die anderen Opferrechte selbstverständlich dennoch zu.

Schadensersatz und Entschädigung: Ein zentrales Anliegen nach einem Betrug ist, den finanziellen **Schaden ersetzt** zu bekommen. Grundsätzlich gilt: Vermögensschäden, die durch eine Straftat entstanden sind, müssen im Zivilrecht geltend gemacht werden – z.B. durch eine Schadensersatzklage gegen den Täter. Allerdings bietet das Strafverfahren eine zeitsparende Möglichkeit, zivilrechtliche Ansprüche direkt dort einzubringen: das sogenannte **Adhäsionsverfahren**. Dabei kann das Gericht bereits im Rahmen der Strafverhandlung über z.B. Schadensersatz oder Schmerzensgeld entscheiden, sofern das Opfer (oder seine Erben) einen entsprechenden Antrag gestellt hat. Der Antrag kann schriftlich oder zu Protokoll der Gerichtsverhandlung gestellt werden, spätestens bis zum Beginn der Hauptverhandlung. Wird der Täter verurteilt, kann das Gericht ihn dann im Urteil zugleich zur Zahlung eines bestimmten Betrags an das Opfer verpflichten. Dies erspart dem Opfer einen separaten Zivilprozess. – In der Praxis sind Betrüger jedoch leider oft **schwer zur Rechenschaft zu ziehen**: Manche Täter werden nicht gefasst, andere haben das erbeutete Geld bereits ausgegeben oder ins Ausland geschafft. Selbst ein rechtskräftiges Urteil mit Schadensersatz bedeutet nicht automatisch, dass der Täter zahlen kann oder will. In solchen Fällen bleibt nur der Weg, die Forderung zwangsweise beizutreiben (falls Vermögen vorhanden ist) oder eventuell staatliche Härtefallhilfen zu prüfen.

Staatliche Entschädigung: Viele Opfer fragen sich, ob der Staat für ihren finanziellen Verlust aufkommt. Hier ist die Unterscheidung wichtig: Das **Opferentschädigungsgesetz** (ab 2024 in Form des Sozialgesetzbuch XIV geregelt) greift vor allem bei **Gewalttaten** und gesundheitlichen Schäden. Reine **Vermögensschäden** – wie ein finanzieller Verlust durch Betrug – werden durch diese staatlichen Entschädigungsleistungen *nicht* abgedeckt. Das heißt, wenn Ihnen „nur" Geld gestohlen wurde, erhalten Sie aus dem staatlichen Entschädigungssystem in der Regel keine Erstattung. Diese sozialen Entschädigungsansprüche sind Opfern schwerer Gewalt vorbehalten (z.B. körperliche Verletzungen durch Raubüberfall). Dennoch gibt es Einzelfallhilfen: In einigen Fällen können Gerichte im Strafurteil einen *Härteausgleich* zusprechen, etwa wenn ein Täter zwar verurteilt wurde, aber zahlungsunfähig ist – jedoch auch dieser betrifft meist Körperschäden. Für Betrugsopfer bleibt es daher essenziell, zivilrechtlich gegen den Täter vorzugehen und parallel mit der Bank oder Versicherung abzuklären, ob ein Teil des Schadens dort ersetzt werden kann.

Zeugenhilfe und weitere Rechte: Als Opfer und Zeuge haben Sie im Verfahren Anspruch auf fairen Umgang und Schutz. Sie dürfen bei Vernehmungen eine Vertrauensperson mitbringen (§ 68b StPO), sofern dem nicht wichtige Gründe entgegenstehen. Sind Sie unsicher oder belastet, fragen Sie die Polizei nach einem *Opferschutzbeauftragten* – viele Polizeidienststellen haben spezielle Ansprechpartner für Opfer, die informieren und unterstützen. Wenn es zu einer Gerichtsverhandlung kommt und Sie als Zeuge aussagen, gibt es oft **Zeugenbetreuungsstellen** am

Gericht. Dort werden Sie über den Ablauf informiert, auf Wunsch in einem separaten Warteraum betreut und vor Kontakt mit dem Angeklagten geschützt. Nach Ihrer Aussage haben Sie wie erwähnt das Recht, im Saal zu bleiben und die weitere Verhandlung zu verfolgen (sofern öffentlich). Zudem steht Ihnen eine *Zeugenentschädigung* zu: Sie können Fahrtkosten zum Gericht und einen kleinen Ausgleich für Ihren Aufwand geltend machen. All diese Maßnahmen dienen dazu, Sie als Opfer nicht allein zu lassen und Ihnen im Verfahren Gehör und Rückhalt zu geben.

Rolle der Banken: Reaktion im Betrugsfall und Schutzmechanismen

Betrugsfälle betreffen häufig Bankgeschäfte – sei es durch **Kartenmissbrauch**, Online-Banking-Betrug oder Überweisungsbetrug. Banken spielen daher eine wichtige Rolle, sowohl bei der **Schadensbegrenzung** im Akutfall als auch bei der **Prävention** solcher Delikte.

Sofortmaßnahmen bei Finanzbetrug: Wenn Sie bemerken, dass Ihre Bankkarten, Ihr Online-Banking oder Konto betroffen sind (etwa unautorisierte Abbuchungen oder ein Kartenverlust), handeln Sie umgehend. **Lassen Sie**

Karten sperren! In Deutschland gibt es den zentralen **Sperr-Notruf 116116**, den Sie *24 Stunden* erreichen können, um EC-Karten, Kreditkarten oder auch Online-Banking-Zugänge sperren zu lassen. Informieren Sie parallel Ihre Bank über den Vorfall. Die Bank kann oft weitere Schritte einleiten, z.B. vorübergehend Ihr Konto einfrieren oder ungewöhnliche Transaktionen stoppen. Überprüfen Sie Ihre Kontobewegungen regelmäßig und **melden Sie unberechtigte Abbuchungen sofort** Ihrer Bank. Diese *Obliegenheit* ist wichtig: Kunden sind vertraglich verpflichtet, Unregelmäßigkeiten zeitnah zu melden, damit der Schaden begrenzt werden kann. Zögern Sie auch nicht, bei Verdacht die Polizei einzuschalten – gerade bei Phishing oder Kartenbetrug arbeiten Banken und Polizei eng zusammen. Die Polizei kann z.B. eine sogenannte KUNO-Sperrung veranlassen (damit gestohlene Karten nicht im Lastschriftverfahren missbraucht werden).

Haftung und Erstattung durch die Bank: Viele Betrugsopfer sorgen sich, ob die Bank ihnen den finanziellen Verlust ersetzt. Hier gilt:
Unautorisierte Zahlungen (z.B. Abbuchungen oder Überweisungen, die ein Betrüger ohne Ihre Zustimmung getätigt hat) muss die Bank Ihnen in der Regel erstatten – *es sei denn*, Sie haben Ihre

Sorgfaltspflichten grob vernachlässigt. Das ist im Zahlungsdiensterecht (nach EU-Richtlinie PSD2) so vorgesehen. Konkret bedeutet das: Wenn Sie alle üblichen Vorsichtsmaßnahmen beachtet haben und dennoch Opfer von Betrug wurden, darf die Bank Sie nicht auf dem Schaden sitzen lassen. **Beispiele:** Jemand bucht ohne Ihre Karte mit gestohlenen Daten Geld ab, oder Ihr Online-Banking wurde von Hackern geknackt, ohne dass Sie eine Mitschuld tragen – in solchen Fällen haftet die Bank. Anders sieht es aus, wenn Ihnen *grobe Fahrlässigkeit* vorgeworfen wird, etwa weil Sie Ihre PIN/TAN an Fremde weitergegeben oder auf einer gefälschten Website eingetippt haben. Dann kann die Bank die Erstattung verweigern. Leider kommt es vor, dass Banken ihren Kunden vorschnell grobe Fahrlässigkeit unterstellen, sodass Opfer von Kontobetrug oft auf dem Schaden sitzenbleiben. Die Verbraucherzentrale berichtet, dass Geldhäuser in vielen Fällen die Verantwortung auf die Kunden schieben, anstatt unkompliziert zu erstatten. Lassen Sie sich davon nicht entmutigen: **Bestehen Sie auf Ihr Recht!** Wenn Sie sicher sind, dass Sie nicht fahrlässig gehandelt haben, legen Sie Widerspruch bei der Bank ein. Dokumentieren Sie den Ablauf des Betrugs und fordern Sie die Erstattung schriftlich. In einigen Konstellationen haftet der Kunde maximal bis 50 € selbst – etwa wenn nur *leichte*

Fahrlässigkeit vorlag (Details dazu regelt § 675v BGB). Weigert sich die Bank trotz plausibler Lage, können Sie sich an die **Verbraucherzentrale** wenden oder den *Ombudsmann* der Bank einschalten. Die Schlichtungsstellen der Banken prüfen solche Fälle kostenlos. Notfalls ziehen Sie einen Anwalt hinzu. Der **Verbraucherzentrale Bundesverband (vzbv)** fordert bereits, dass Gesetzgeber und Zahlungsdienstleister mehr zum Schutz der Verbraucher tun müssen – Sie haben also Rückenwind von offizieller Seite.

Schutzmechanismen der Banken: Banken investieren viel in die Sicherheit Ihres Geldes. Moderne **Bankkarten** sind mit EMV-Chips ausgestattet, die Fälschungen erschweren, und Zahlungen erfordern in der Regel die Eingabe einer PIN. Beim **Online-Banking** ist seit einigen Jahren die sogenannte *Zwei-Faktor-Authentifizierung* Pflicht: Neben Passwort oder PIN muss eine zweite Sicherheitskomponente (z.B. eine TAN aufs Handy oder eine Token-App) genutzt werden, um Überweisungen freizugeben. Diese starken Sicherheitsverfahren schützen Ihr Konto vor unbefugtem Zugriff – nutzen Sie sie konsequent. Viele Banken bieten an, Limits für Überweisungen oder Abhebungen festzulegen, Benachrichtigungen bei bestimmten Kontobewegungen einzurichten oder Geo-Sperren für Auslandstransaktionen zu aktivieren. Fragen Sie Ihre Bank nach solchen Optionen, um das Risiko weiter zu verringern. Außerdem verfügen Banken über **Betrugserkennungssysteme**: Ungewöhnliche Kontobewegungen oder Kartenumsätze werden teils automatisch erkannt und blockiert. So kann es sein, dass Ihre Bank Sie kontaktiert, um eine verdächtige Zahlung zu verifizieren – auch wenn das gelegentlich lästig ist, dient es Ihrem Schutz. Seien Sie aber wachsam: Betrüger können sich am Telefon als Bankmitarbeiter ausgeben, um an Ihre Daten zu kommen. Geben Sie am Telefon niemals TANs oder Passwörter preis. Echte Banken würden Sie *nie* auffordern, Transaktionen auf „sichere Konten" umzuleiten oder sensible Daten herauszugeben. Im Zweifel: Legen Sie auf und rufen Sie Ihre Bank unter der offiziellen Nummer zurück.

Kooperation der Banken mit Behörden: Im Betrugsfall arbeiten Banken häufig im Hintergrund mit Ermittlern zusammen. So können Banken z.B. verdächtige Kontobewegungen an die **Financial Intelligence Unit** (FIU) melden (etwa bei Geldwäscheverdacht) oder auf Anfrage der Polizei Informationen über Empfängerkonten herausgeben. Viele größere Banken haben eigene **Betrugsabteilungen**, die Kunden unterstützen – zum Beispiel werden Lastschriften, die auf Betrug zurückgehen, oft unbürokratisch zurückgebucht, und bei Kreditkartenbetrug erhält man in der Regel schnell eine Ersatzkarte. Einige Banken schulen ihr Personal gezielt, um Betrugsopfer zu erkennen und einzuschreiten. So kam es schon vor, dass aufmerksame Bankmitarbeiter Seniorenkunden vor hohen Abhebungen gewarnt und damit einen Betrugsversuch vereitelt haben. Zögern Sie also nicht, Ihrer Bank zu erzählen, warum Sie z.B. ungewöhnlich viel Geld abheben wollen – ein guter Mitarbeiter wird im Zweifel lieber einmal mehr nachfragen oder die Polizei hinzuziehen, um Sie zu schützen. Insgesamt gilt: Banken bieten viele Sicherheitsnetze, doch verlassen Sie sich nicht blind darauf. Eigenvorsorge und Aufmerksamkeit bleiben der beste Schutz vor Betrug.

Prävention und Aufklärung: Unterstützung durch Polizei und Verbraucherzentrale

Prävention ist der Schlüssel, damit es gar nicht erst zum Betrugsfall kommt. Polizei und Verbraucherzentralen engagieren sich intensiv, um insbesondere ältere Menschen vor typischen Betrugsmaschen zu **warnen** und über neue Tricks aufzuklären.

Präventionsarbeit der Polizei: Die Polizei setzt auf *Aufklärung an erster Stelle*. Bundesweit gibt es Kampagnen und Aktionen, die speziell Seniorinnen und Senioren ansprechen. In einigen Regionen geht man kreative Wege: In Nordrhein-Westfalen wurden Hinweise vor Telefonbetrug schon auf **Brötchentüten** gedruckt oder Sticker-Alben mit Sicherheitstipps verteilt. Außerdem arbeitet die Polizei mit Institutionen zusammen, die viel Kontakt zu Älteren haben – z.B. Banken, Apotheken, Ärzten, Kirchen oder Seniorensportgruppen. Deren Mitarbeiter und Ansprechpartner werden geschult, damit sie Senioren auf Betrugsmaschen ansprechen und sensibilisieren können. Vielleicht haben Sie so eine Info schon bei Ihrem Arzt oder im Gemeindeblatt gesehen? Solche Maßnahmen sollen das Thema Betrug ins Bewusstsein rücken und Ihnen im Alltag begegnen, bevor Betrüger eine Chance haben.

Zudem bieten viele Polizeidienststellen **Vortragsveranstaltungen** oder Beratungstage für Senioren an. Dort erklären Präventionsexperten der Kriminalpolizei anschaulich, wie aktuelle Betrugsmaschen funktionieren (z.B. *Enkeltrick*, falsche Polizeibeamte, Gewinnspiel-Betrug, Internet-Abzocke) und wie man sich dagegen schützt. Sie lernen einfache Grundregeln: etwa am

Telefon **misstrauisch** zu sein, keine finanziellen Details preiszugeben, Unbekannte nicht ins Haus zu lassen und im Zweifel immer selbst die 110 zu wählen. Die Polizei verteilt dabei oft Broschüren und Merkblätter, die man mit nach Hause nehmen kann – zum Nachlesen oder um sie mit Freunden zu teilen. Auch die Website der **Polizeilichen Kriminalprävention** (polizei-beratung.de) hält umfangreiche Informationen bereit: Dort sind alle gängigen Betrugsarten erklärt und Tipps zur Vorbeugung gegeben. Die Polizei warnt regelmäßig in Pressemitteilungen oder im Lokalradio vor aktuellen Betrugswellen. Scheuen Sie sich nicht, bei Unsicherheit auch präventiv Ihre Polizeidienststelle anzurufen – viele Behörden beraten Bürger gern am Telefon zu verdächtigen Vorfällen. Das Motto der Polizei lautet: *Lieber einmal mehr nachfragen als Opfer werden!* Und wenn doch etwas passiert ist, rufen Sie **sofort** die Polizei – je schneller sie involviert ist, desto höher die Chance, den Schaden zu begrenzen.

Verbraucherzentrale – Rat und Hilfe: Neben der Polizei sind die **Verbraucherzentralen** wichtige Ansprechpartner beim Thema Betrugsprävention. Diese gemeinnützigen Beratungsstellen haben in jedem Bundesland Büros und bieten telefonisch oder persönlich Beratung an. Die Verbraucherzentrale beobachtet den Markt und warnt vor neuen Betrugsmaschen – sei es der falsche Microsoft-Mitarbeiter am Telefon, gefälschte Inkasso-Schreiben oder dubiose Gewinnspielversprechen. Solche Warnungen werden auf ihren Webseiten und über die Medien verbreitet, damit möglichst viele Verbraucher informiert sind. Beispielsweise veröffentlicht der Verbraucherzentrale Bundesverband regelmäßig Dossiers zu **Kontobetrug**, in denen typische Fälle analysiert und Schwachstellen aufgezeigt werden. Die Erkenntnis: Betrugsmethoden werden immer raffinierter, und Banken allein tun oft nicht genug – umso wichtiger ist Aufklärung der Kunden.

Wenn Sie unsicher sind, ob ein Angebot seriös ist, oder wenn Sie etwa am Telefon zu einer Geldzahlung gedrängt wurden, können Sie sich an die Verbraucherzentrale wenden. Dort erhalten Sie **unabhängigen Rat**, wie Sie weiter vorgehen sollten. Beispielsweise hilft man Ihnen, Vertragsfallen zu erkennen, unberechtigte Forderungen abzuwehren oder bereits geschlossene Verträge (etwa mit Fake-Gewinnspielfirmen) anzufechten. Die Verbraucherzentrale bietet oft **Musterbriefe** und Checklisten an – diese finden Sie auch auf den Websites. Für Senioren gibt es teils spezielle Projekte oder Info-Broschüren, die in einfacher Sprache vor gängigen Betrügereien warnen. Einige Verbraucherzentralen führen sogar

Veranstaltungen in Seniorenvereinigungen oder Mehrgenerationenhäusern durch, um direkt vor Ort zu informieren.

Kurz gesagt: **Polizei und Verbraucherzentrale arbeiten Hand in Hand**, um Betrug vorzubeugen. Die Polizei bringt die strafrechtliche Perspektive und konkrete Fälle ein, während die Verbraucherzentrale den Blick auf Verbraucherrechte und zivilrechtliche Aspekte hat. Beide stellen umfangreiches Infomaterial bereit – vom Flyer „Vorsicht, Telefonbetrüger!" bis zur Website mit aktuellen Warnmeldungen. Machen Sie sich dieses Wissen zunutze: Bleiben Sie skeptisch, bilden Sie sich weiter (es ist *keine Schande*, etwas nicht zu wissen – Betrüger erfinden ständig neue Tricks) und sprechen Sie in Ihrem Umfeld über das Thema. So tragen auch Sie dazu bei, dass Betrüger es schwer haben.

Weitere Beratungs- und Hilfsstellen für Betrugsopfer

Neben Polizei, Justiz und Banken gibt es eine Reihe von **Einrichtungen**, die Ihnen nach einem Betrug zur Seite stehen. Diese Hilfsstellen beraten, betreuen und unterstützen Opfer von Straftaten – kostenfrei und vertraulich.

Opferhilfe-Einrichtungen: In allen Bundesländern existieren professionelle Opferhilfe-Einrichtungen, oft in Trägerschaft von Wohlfahrtsverbänden oder Landesstellen. Viele Polizeien haben *Opferschutzbeauftragte*, die Sie an solche Stellen vermitteln können. Die Expertinnen und Experten dort nehmen sich Zeit für Sie und Ihre Erlebnisse. Sie bieten die Möglichkeit, in geschütztem Rahmen über die Folgen der Tat zu sprechen und leisten **psychosoziale Unterstützung**. Gerade nach Betrugsdelikten schämen sich ältere Menschen manchmal oder stehen unter Schock – hier hilft ein offenes Ohr und professionelle Beratung. Die Opferhilfe informiert Sie auch über den weiteren Ablauf eines Strafverfahrens und über mögliche **finanzielle Entschädigungsleistungen**, die Sie beantragen könnten (z.B. bei Gewaltfolgen). Falls notwendig, vermitteln diese Stellen den Kontakt zu weiteren Hilfen: etwa einer Rechtsanwältin, wenn Sie juristischen Beistand brauchen, oder zu einer psychotherapeutischen Unterstützung, falls die seelische Belastung zu groß wird.

Eine bundesweit tätige Opferhilfeorganisation ist der **Weiße Ring e.V.**. Dieser gemeinnützige Verein ist in ganz Deutschland mit rund 400 Außenstellen präsent. Etwa 2.900 ehrenamtliche Helferinnen und Helfer stehen bereit, um Kriminalitätsopfer *schnell, unkompliziert und direkt* zu unterstützen. Der Weiße Ring hilft **unabhängig von Alter, Geschlecht, Religion oder Herkunft** jedem, der unverschuldet in Not geraten ist. Konkret bietet der Verein vielfältige Leistungen an, darunter: *menschlichen Beistand* und persönliche Betreuung nach der Tat, **Begleitung** zu Terminen bei Polizei und Gericht, Hilfe im Umgang mit Behörden sowie Vermittlung weiterer Hilfen vor Ort (z.B. Therapeuten, Rechtsanwälte). In finanziellen Notlagen infolge der Tat kann der Weiße Ring auch **materielle Unterstützung** leisten – etwa in Form von kleinen Überbrückungshilfen. Besonders hilfreich sind die *Hilfe-Schecks* des Weißen Rings: Damit kann ein Opfer eine erste anwaltliche oder psychotraumatologische Beratung kostenlos in Anspruch nehmen. So erhalten Sie schnell fachliche Hilfe, ohne sich um die Kosten sorgen zu müssen.

Kontakt und Erreichbarkeit: Den Weißen Ring können Sie auf mehreren Wegen erreichen. Es gibt ein **bundesweites Opfer-Telefon** unter der Nummer **116 006**, das täglich von 7 bis 22 Uhr besetzt ist. Am anderen Ende der Leitung hören Ihnen speziell geschulte, ehrenamtliche Berater zu, geben erste Ratschläge und lotsen Sie bei Bedarf weiter. Dieses Gespräch ist anonym und kostenlos. Scheuen Sie sich nicht anzurufen – egal ob es um einen aktuellen Betrugsfall oder um einen zurückliegenden Vorfall geht, der Sie belastet. Alternativ bietet der Weiße Ring auch eine **Online-Beratung** an (über die Website des Vereins). Innerhalb von 72 Stunden erhalten Sie dort auf Ihre Anfrage eine persönliche Antwort, selbstverständlich vertraulich. Wenn Sie lieber den direkten persönlichen Kontakt möchten, finden Sie über die Webseite oder die Hotline die Außenstelle in Ihrer Nähe und können sich an eine*n Ansprechpartner*in vor Ort wenden. Die Helfer kommen bei Bedarf auch zu Ihnen nach Hause. Wichtig ist: Sie sind *nicht allein*. Der Weiße Ring und andere Opferhilfen haben über Jahrzehnte unzähligen Menschen zurück in ein normales Leben geholfen.

Neben dem Weißen Ring gibt es weitere Organisationen und Anlaufstellen. Der **Arbeitskreis der Opferhilfen in Deutschland (ado)** fungiert als Dachverband verschiedener regionaler Opferhilfe-Einrichtungen. In manchen Städten gibt es städtische Opferberatungsstellen oder kirchliche Einrichtungen, die speziell Senioren nach Betrugsdelikten beraten. Auch der **Sozialdienst Katholischer Frauen und Männer (SKFM)** oder die Caritas haben mancherorts Angebote für Opfer von Kriminalität. Sollte in Ihrem Fall eine psychologische Betreuung ratsam sein, kann Ihr Hausarzt oder die Krankenkasse helfen, einen Therapeuten mit Schwerpunkt Trauma zu finden. Und nicht zuletzt: Sprechen Sie mit vertrauten Personen – Familie, Freunde oder Nachbarn. Oft hilft das soziale Umfeld schon viel, um einen Betrug seelisch zu verarbeiten und gemeinsam nach vorne zu schauen.

Fazit: Im Ernstfall stehen Ihnen also viele zur Seite – von der Polizei über die Justiz bis hin zu Verbraucherberatung und Opferhilfe. Sie haben das **Recht**, Unterstützung zu bekommen und gehört zu werden. Nutzen Sie diese Möglichkeiten, anstatt sich zurückzuziehen. Betrüger suchen oft gezielt nach verwundbaren Opfern, aber unsere Gesellschaft hält umfangreiche Schutzmechanismen bereit, um Sie zu stärken. Bleiben Sie wachsam, informieren Sie sich und wissen Sie: Wenn doch einmal etwas passiert, sind Sie nicht schutzlos. Holen Sie sich Hilfe, zeigen Sie Taten an und vertrauen Sie darauf, dass man Ihnen glaubt und Ihnen geholfen wird. Gemeinsam können wir dafür sorgen, dass Betrüger keine Chance haben. Bleiben Sie sicher!

Kapitel 10: Wachsamkeit und Mut – Schlusswort zur Betrugsprävention

Wir sind am Ende dieses Ratgebers angelangt. In den vorigen Kapiteln haben Sie viel über verschiedene Betrugsmaschen gelernt – ob am Telefon, an der Haustür, im Internet oder unterwegs – und erfahren, wie Sie sich davor schützen können. Dieses Schlusskapitel fasst noch einmal die wichtigsten Erkenntnisse und Verhaltensregeln kompakt zusammen. Vor allem aber soll es Sie ermutigen: **Lassen Sie sich nicht verunsichern**, sondern bleiben Sie wachsam und handeln Sie klar und selbstbewusst. Sie sind mit dem erworbenen Wissen gut gerüstet, um Betrügern die Stirn zu bieten, und **brauchen sich niemals zu schämen**, Hilfe in Anspruch zu nehmen. Im Gegenteil – indem Sie auf sich achtgeben und Ihre Erfahrungen teilen, schützen Sie sich und andere.

Die wichtigsten Verhaltensregeln im Überblick

Im Folgenden finden Sie die zentralen Verhaltensregeln zur Betrugsprävention noch einmal übersichtlich zusammengefasst. Diese **Grundsätze** gelten in jeder Situation – sei es bei einem unerwarteten Anruf, einem fremden

Besucher oder einer merkwürdigen Nachricht –
und helfen Ihnen, einen kühlen Kopf zu bewahren:

- **Gesunde Skepsis bewahren:** Gehen Sie *immer* mit einer Portion Vorsicht in unerwartete Gespräche am Telefon oder an der Haustür. Unbekannte Anrufer verdienen zunächst Ihr Misstrauen – geben Sie sich nie sofort zu erkennen, sondern lassen Sie den Anrufer seinen Namen selbst nennen. Betrüger geben sich am Telefon häufig als Verwandte, Bekannte oder Amtspersonen aus, um Vertrauen zu erschleichen. Bleiben Sie wachsam und fragen Sie im Zweifel gezielt nach, um die Identität des Gegenübers zu prüfen. Gesundes Misstrauen ist keinesfalls unhöflich, sondern ein wichtiger Selbstschutz.
- **Nichts überstürzen:** Lassen Sie sich **nicht unter Druck setzen**. Kriminelle arbeiten mit Zeitdruck und Dringlichkeit, um Sie zu überrumpeln. Egal ob jemand am Telefon eine *dringende Zahlung* verlangt oder vor Ihrer Tür steht und *sofortigen* Zugang möchte – nehmen Sie sich die Zeit, in Ruhe nachzudenken. Atmen Sie tief durch und überdenken Sie die Situation sorgfältig. **Kein legitimes Anliegen**

erfordert spontane Entscheidungen von
Ihnen. Im Zweifel legen Sie auf oder
schließen die Tür. Sie dürfen jederzeit
sagen: *„Ich brauche Zeit"* oder *„Ich melde
mich später wieder."* Wie die Polizei
empfiehlt, sollte man sich nie hetzen
lassen, sondern die Angaben überprüfen –
zum Beispiel indem man den angeblichen
Verwandten unter der **bekannten** Nummer
selbst zurückruft. Jede überstürzte
Handlung spielt nur den Betrügern in die
Hände, deshalb: Bewahren Sie Ruhe.

- **Keine persönlichen Daten herausgeben:**
  Geben Sie **niemals persönliche
  Informationen** preis – weder am Telefon,
  noch an der Haustür, per E-Mail oder
  Messenger. Daten wie Kontonummern,
  PINs, Passwörter, Informationen über Ihre
  finanziellen Verhältnisse oder familiäre
  Details sind *privat*. Seriöse Banken,
  Behörden oder Polizeidienststellen werden
  nie am Telefon oder per WhatsApp von
  Ihnen verlangen, solche Daten
  offenzulegen. Seien Sie besonders
  vorsichtig, wenn jemand unerwartet nach
  diesen Dingen fragt. Ein häufiger
  Ratschlag der Polizei lautet: **Geben Sie
  am Telefon *grundsätzlich keine*
  finanziellen Details preis**. Dasselbe gilt

für fremde Besucher – selbst wenn sie behaupten, von einer Behörde oder von der Bank zu sein, verlangen Sie einen Ausweis und ziehen Sie im Zweifel eine Vertrauensperson hinzu, bevor Sie irgendetwas offenbaren.

- **Keine Wertsachen aus der Hand geben: Übergeben Sie niemals Geld oder Wertgegenstände an Unbekannte**, egal unter welchem Vorwand. Weder echte Polizisten noch Bankmitarbeiter würden jemals verlangen, dass Sie Bargeld, Schmuck oder EC-Karten aushändigen – schon gar nicht zur „Sicherheit" oder Prüfung. Dies ist immer eine Lüge. Bewahren Sie größere Geldbeträge und wertvollen Schmuck sicher auf (etwa auf der Bank oder im Schließfach) und nicht offen zu Hause. Wenn jemand Fremdes etwas abholen will – etwa ein angeblicher Bekannter oder ein angeblicher Mitarbeiter einer Institution – heißt die Devise: **Nicht ohne eindeutige Bestätigung!** Im Zweifel übergeben Sie nichts und informieren Sie stattdessen die Behörden.

- **Im Zweifel Hilfe holen:** Bleiben Sie nicht allein, wenn Ihnen etwas merkwürdig vorkommt. **Holen Sie sich Rat bei Menschen Ihres Vertrauens.** Rufen Sie zum Beispiel ein

Familienmitglied oder eine gute Freundin an und schildern Sie die Situation. Vier Augen sehen mehr als zwei – oft entdeckt eine außenstehende Person den Betrugsversuch sofort oder bestärkt Ihr Bauchgefühl. Gemeinsam lässt sich klären, ob etwas faul ist. Betrüger scheuen das Licht der Öffentlichkeit: Sobald Sie jemanden ins Vertrauen ziehen, schwindet ihre Macht. Zögern Sie auch **nicht, die Polizei einzuschalten**, wenn Ihnen etwas verdächtig erscheint. Sie können jederzeit **die 110 anrufen**, um sich Rat zu holen oder einen möglichen Betrugsversuch zu melden. Die Polizei ermutigt ausdrücklich dazu, lieber einmal mehr anzurufen als einmal zu wenig. Dieses Einschalten der Polizei ist nicht „übertrieben" – es kann im Ernstfall Sie und andere schützen. Und sollte tatsächlich eine Straftat passiert sein, **erstatten Sie unbedingt Anzeige**. Jede Meldung hilft, Zusammenhänge zu erkennen und die Täter zu fassen. Sie tun damit nicht nur sich selbst einen Gefallen, sondern tragen auch dazu bei, **andere potentielle Opfer zu warnen und zu schützen**.

Diese einfachen Verhaltensregeln bilden Ihren persönlichen Schutzschild. Vielleicht mögen manche Tipps selbstverständlich klingen, doch in der Aufregung eines unerwarteten Moments vergisst man sie leicht. Halten Sie sich die wichtigsten Punkte daher immer vor Augen: **Skepsis bewahren, nichts übereilen, keine privaten Daten oder Wertsachen herausgeben, im Zweifel reden und die Polizei rufen.** Mit diesen Grundsätzen sind Sie für nahezu jede Betrugssituation gewappnet.

Keine Scham – holen Sie sich Hilfe und sprechen Sie darüber

So vorbereitet und umsichtig wir auch sind, kann es dennoch passieren, dass ein Betrüger erfolgreich ist. **Falls Sie jemals auf eine Betrugsmasche hereingefallen sind, schämen Sie sich nicht!** Das kann wirklich jedem passieren. Betrüger sind äußerst geschickt darin, Vertrauen zu erwecken und Druck auszuüben – ihre Taktiken sind oft so professionell, dass selbst achtsame Menschen in einer unglücklichen Minute getäuscht werden können. **Wer glaubt, er sei dagegen absolut gefeit, irrt sich.** Darum: Machen Sie sich klar, dass ein Betrugsfall **keineswegs Ihre Schuld** ist. **Schuld sind niemals die Opfer einer Straftat – sondern immer die Täter.** Dieses Wissen ist wichtig, damit Sie sich nicht selbst verurteilen. Leider reagieren manche Menschen im Umfeld mit Unverständnis, doch lassen Sie sich von niemandem einreden, Sie hätten etwas falsch gemacht. Sie haben vertrauensvoll und hilfsbereit gehandelt – genau darauf zielen die Gauner ab. **Die Verantwortung liegt einzig und allein bei den Kriminellen.**

Es gibt absolut keinen Grund, aus Scham zu schweigen. Im Gegenteil: **Sprechen Sie über das Erlebte**, holen Sie sich Unterstützung. Viele Betroffene leiden nach einem Betrug unter Angst oder Scham und ziehen sich zurück. Doch sich zu verkriechen belastet nur zusätzlich – und hilft den Betrügern, unentdeckt zu bleiben. Vertrauen Sie sich *ruhig Ihrer Familie oder engen Freunden an*. Erzählen Sie, was passiert ist, und wie Sie sich dabei fühlen. Auch wenn es schwerfällt, kann es ungemein entlastend sein, **darüber zu reden**. Ihre Familie, Kinder oder Enkel möchten, dass es Ihnen gut geht. Wenn Sie ihnen mitteilen, was Sie bedrückt, werden sie mit Verständnis reagieren und Ihnen helfen. Gemeinsam können Sie den Vorfall verarbeiten, und Ihre Angehörigen wissen dann auch, worauf sie in Zukunft achten müssen, um Sie zu unterstützen.

Neben Freunden und Familie gibt es auch **professionelle Anlaufstellen**, die Ihnen weiterhelfen. Scheuen Sie sich nicht, solche Hilfe in Anspruch zu nehmen – das ist kein Zeichen von

Schwäche, sondern von Stärke. Ihr Hausarzt kann ein erster Ansprechpartner sein, wenn Sie merken, dass Sie die seelische Belastung nicht allein bewältigen können. Außerdem gibt es Organisationen wie den *WEISSEN RING*, die sich auf die Unterstützung von Kriminalitätsopfern spezialisiert haben. Der WEISSE RING bietet z.B. ein **kostenloses Opfer-Telefon** und persönliche Beratung in vielen Orten. Wenn Sie lieber mit jemand Außenstehendem sprechen möchten, wenden Sie sich an diese Fachleute – dort hört man Ihnen zu und weiß genau, wie man Ihnen weiterhelfen kann. **Keiner muss so eine Erfahrung alleine durchstehen.** Sie dürfen und sollen Hilfe holen, wann immer Sie sie brauchen.

Denken Sie immer daran: **Sie sind nicht allein.** Es gibt Menschen, die auf Ihrer Seite stehen – Familie, Freunde, Nachbarn, Ehrenamtliche und Polizisten. Sie alle möchten, dass Sie sicher sind. Und es ist keine Schande, ihre Unterstützung anzunehmen. Im Gegenteil, es zeigt, dass Sie Verantwortung für sich übernehmen. Indem Sie reden und Hilfe holen, nehmen Sie Betrügern den Wind aus den Segeln. Sie zeigen damit: *„Ich lasse mich nicht einschüchtern oder isolieren."* Das ist ein wichtiger Schritt, um emotional gestärkt aus so einem Erlebnis hervorzugehen.

Wachsam bleiben – mit Zuversicht und Selbstvertrauen

Abschließend möchten wir betonen, dass **Wachsamkeit nicht gleichbedeutend mit Angst** ist. Ihr Alltag soll nicht von Misstrauen geprägt sein, sondern von einem ruhigen Selbstvertrauen. Sie haben nun das Rüstzeug, um mögliche Betrugsversuche zu erkennen und souverän zu handeln. Dieses Wissen gibt Sicherheit. Nutzen Sie es, um **mit klarem Kopf und Zuversicht Ihren Alltag zu genießen**. Lassen Sie sich nicht verunsichern: Jeder Anruf, jedes Klingeln an der Tür können Sie jetzt gelassen prüfen. Wenn etwas ungewöhnlich erscheint, denken Sie an die Grundregeln – und *vertrauen Sie auf Ihr Bauchgefühl*. Ihre Lebenserfahrung ist ein wertvoller Kompass. Oft spürt man instinktiv, wenn etwas nicht stimmt. Hören Sie auf diese Stimme in sich. Sollte sich ein ungutes Gefühl bestätigen, wissen Sie genau, was zu tun ist: **Nein sagen, abbrechen, Hilfe holen.** Genauso dürfen Sie aber auch beruhigt sein, wenn sich ein vermeintlicher Alarm als harmlos herausstellt – Sie haben nichts verloren, sondern im Gegenteil verantwortungsvoll gehandelt.

Bleiben Sie informiert und teilen Sie Ihr Wissen. Betrüger erfinden ständig neue Maschen. Indem

Sie aufmerksam die Nachrichten verfolgen oder sich bei Ihrer örtlichen Polizeiberatung informieren, bleiben Sie auf dem Laufenden. Sprechen Sie in Ihrem Freundeskreis darüber, welche aktuellen Warnungen es gibt. Vielleicht lesen Sie gemeinsam mit anderen Senioren gelegentlich die Hinweise der Polizei zu Betrugsfällen in Ihrer Region oder tauschen Erfahrungen aus. Dieses *Miteinander* schafft ein unterstützendes Netzwerk. Wenn Sie Ihre Erkenntnisse weitergeben – zum Beispiel an Nachbarn oder Bekannte – tragen Sie dazu bei, dass auch andere geschützt sind. **Gemeinsam ist man weniger allein**: Betrüger haben es deutlich schwerer, wenn ihre potentiellen Opfer sich gegenseitig warnen und füreinander da sind. Ihr offenes Wort kann viel bewirken.

Zum Schluss noch ein wertschätzender Appell: **Vertrauen Sie auf sich selbst.** Sie haben diesen Ratgeber bis hierher gelesen und sich aktiv mit dem Thema Betrugsprävention auseinandergesetzt – das verdient Respekt. Nehmen Sie aus all dem das gute Gefühl mit, dass Sie sich wirksam schützen können. **Sie sind keineswegs hilflos, sondern im Gegenteil: informiert und entschlossen.** Bewahren Sie sich diese Entschlossenheit. Scheuen Sie sich nie, *im Zweifel lieber einmal „Nein" zu sagen* oder Unterstützung

zu holen. Ihre Sicherheit und Ihr Seelenfrieden
stehen an erster Stelle. Genießen Sie Ihr Leben im
Seniorenalter **ohne übertriebene Sorge, aber mit
wachsamen Sinnen**. Und sollten Betrüger doch an
Sie herantreten, bleiben Sie ruhig, erinnern Sie sich
an die gelernten Regeln – und handeln Sie
selbstbewusst.

Liebe Leserinnen und Leser, **lassen Sie sich nicht
verunsichern, bleiben Sie wachsam und mutig!**
Sie sind nicht allein – mit Ihrer Familie, Ihren
Freunden und der Hilfe von Polizei und
Organisationen stehen Ihnen viele zur Seite.
Gemeinsam können wir Betrügern entgegenstehen
und dafür sorgen, dass niemand schutzlos bleibt.
Vielen Dank, dass Sie sich die Zeit genommen
haben, sich zu informieren. Passen Sie gut auf sich
auf, *Sie sind es wert*. Bleiben Sie achtsam und
zuversichtlich – so sind Sie bestens gewappnet, um
sicher und selbstbestimmt Ihren weiteren Weg zu
gehen